コミュニケーションとは何か

ポスト・コミュニカティブ・アプローチ

佐藤慎司 編

コミュニケーションとは何か
目　次

はじめに　　　　　　　　　　　　　　　　　　　　　　　　佐藤 慎司　iii

◇　◇

▼**第1部　コミュニカティブ・アプローチ理論編**▼

第1章
コミュニカティブ・アプローチをめぐって
──ポスト・コミュニカティブ・アプローチがめざすもの

熊谷 由理・佐藤 慎司　2

第2章
ポストメソッド時代の言語教育デザイン
──応用言語学の視点と原理に基づく言語教育

百済 正和・西口 光一　29

▼**第2部　言語教育政策分析編**▼

第3章
ことばの活動によるコミュニケーションとその教育の意味
──欧州評議会における言語教育政策観の推移から

細川 英雄　56

第4章
言語教育政策における「コミュニケーション」を考える

久保田 竜子　76

▼第3部　言語教育実践編▼

第5章
第二言語学習者が教室で「わたし」を語るとき
——日本で学ぶ大学院研究留学生の事例から

義永 美央子　100

第6章
戦争の記憶を読む・語る
——批判的メタコミュニケーション意識と意味の協働構築へ向けて

芝原 里佳　128

第7章
コミュニケーションの「デザイン者」をめざして
——「デザイン」概念に根ざしたデジタル・ストーリーテリング実践

此枝 恵子　156

第8章
越境を支えるビジネス日本語教育
——ポスト・コミュニカティブ・アプローチの就職支援

三代 純平　175

あとがき　　　　　　　　　　　　　　　　　　　　　　佐藤慎司　203

はじめに

　本書は，コミュニケーションとは何か，また，ことばの教育とコミュニケーションについて考えることを目的としている。コミュニカティブ・アプローチという教育アプローチが登場して久しいが，コミュニケーションという概念，何をもってコミュニカティブ・アプローチと呼ぶのか，また，現行のコミュニカティブ・アプローチの問題点などを体系的にレビューしている研究は少ない。本書では，これらの問題を考えるために，まず，コミュニカティブ・アプローチが唱えられるようになった背景を簡単に振り返り，コミュニケーションという概念の定義，コミュニカティブ・アプローチの根底にある教育理念を批判的に考察し，その後，コミュニカティブ・アプローチの問題点を乗り越えるような教育実践をいくつか紹介する。

　コミュニケーションという用語は，日常生活において何気なく用いられる言葉であるが，それがいったいどんな営みを指すのかはきわめてあいまいである。たとえば，辞書の定義を見てみると，「社会生活を営む人間の間で行う知覚・感情・思考の伝達。言語・記号その他視覚・聴覚に訴える各種のものを媒介とする」（広辞苑），「特定の刺激によって互いにある意味内容を交換すること。人間社会においては，言語，文字，身振りなど，種々のシンボルをなかだちとして複雑かつ頻繁な伝達，交換が行われ，これによって共同生活が成り立っている」（小学館国語大辞典）と出ており，コミュニケーションは社会生活，共同生活と密接な関係にある概念であることが分かる。また，コミュニケーション研究・教育においてコミュニケーションという概念は，伝達モデル（情報モデルとも呼ばれる）に基づくアプローチ，構築主義的アプローチ，批判的アプローチなど多様にとらえられており，必ずしも，研究者，教育者の間で統一的見解があるわけではない。

　伝達モデルに基づくアプローチでは，コミュニケーションの送り手が，メッセージや情報を何らかの記号を用いて，受け手に伝達するプロセスとして定義する。このようなコミュニケーションの定義は，「①情報が送り手から受け手に伝わること，②意思疎通」（三省堂国語辞典）といった辞書の定義にもよく

見られるものであり，多くの人がイメージするコミュニケーション概念に近い。それに対して，構築主義的アプローチでは，コミュニケーション・プロセスによって，意味が創造，構築されるとする。つまり，コミュニケーションに関わる者は，「送り手」や「受け手」としてではなく，「参加者」として，意味を相互に交渉し，共同的に構築しているのだと考える。

しかし，近年では，この構築主義的アプローチのコミュニケーションの見方をさらに発展させ，他者とともに平和で公正なグローバル社会を構築していくための批判的アプローチからのコミュニケーション研究・教育が展開されている。この見方では，現実世界が構築されたもの，とりわけ不公正に構築されているとするならば，社会における支配・抑圧の権力関係やイデオロギーを批判的に分析し，人権・環境・平和など人類が直面している問題とコミュニケーションを通して真摯に向き合うことによって，現在とは異なる現実世界の構築が可能であるととらえる。つまり，コミュニケーションとは，批判的介入を通じて，その自明性の政治的，歴史的，社会的構築性を明らかにし，行動を起こす営みであるととらえるのである。上記のようなコミュニケーション研究・教育におけるコミュニケーション概念の変遷も念頭に置き，本書のタイトルは，『コミュニケーションとは何か──ポスト・コミュニカティブ・アプローチ』とした。そして，この「ポスト」という部分には，コミュニカティブ・アプローチの限界を認識し，そこから脱却しようとする願いが込められている。

本書は，コミュニカティブ・アプローチ理論編，言語教育政策分析編，言語教育実践編の3部の構成となっている。第1部では，まず，熊谷・佐藤章でコミュニカティブ・アプローチとは何なのかを，それが唱えられるようになった背景，コミュニカティブ・アプローチのさまざまな位置づけや指導法，争点，教育理念を批判的に考察する。その後，ポスト・コミュニカティブ・アプローチの教育実践の指針として，対話・協働・自己実現という概念を挙げ，ポストメソッド，マルチリテラシーズ，批判的メタコミュニケーション意識という概念を紹介する。続く百済・西口章では，主としてイギリスの応用言語学においてコミュニカティブ・ランゲージ・ティーチングが生まれた背景とその教育観，言語観，言語習得観をまとめた後，コミュニカティブ・ランゲージ・ティーチングの発展形としてのTBLT（タスク・ベースド・ランゲージ・

ティーチング）と自己表現活動中心の基礎日本語教育について言及する。

　第2部では，細川章が欧州評議会における言語教育政策観とコミュニケーション概念の推移を追う。その中で，コミュニカティブ・アプローチと対比させアクション・アプローチを紹介し，循環する個人と社会という共通の実践形態のあり方について言及している。そして，例として，ヨーロッパ言語ポートフォリオ，相互文化的出会いの自分誌，総合活動型日本語教育の実践を挙げている。また，久保田章では，教育政策面，ビジネスでの実践面，新自由主義的イデオロギー面，そして倫理・情緒面から言語教育におけるコミュニケーションの意義を批判的に考察し，他者とともに平和で公正なグローバル社会を構築していくための内省的で倫理的なコミュニケーションを模索することの重要性を唱えている。

　第3部では，学習者のコミュニケーション体験を取り入れたコミュニカティブ・アプローチを超える日本語教育実践例を四つ報告する。まず，義永章では，学習理論における学習観の転換がコミュニカティブ・ランゲージ・ティーチングに与えた影響について紹介し，教室を一つのコミュニティととらえ，その中での自己表現を通じてことばを学ぶアプローチの可能性と，学習者による自己表現がどのようにして可能になるのかを追及している。続く，芝原章では，学習者の批判的メタコミュニケーション意識を育成することを目的とし，相手に対し意味の交渉を求め，協働を通して意味構築をめざす姿勢が，対話者同士の関係をより対等で相互に謙虚なものにするという観点から行われた「戦争の記憶プロジェクト」を報告している。次に，此枝章では，マルチリテラシーズ理論の代表的な概念「デザイン」に根ざした実践から，学生が学習中の言語を用いたコミュニケーションを「デザイン」する可能性を探ったデジタル・ストーリーテリング実践を紹介する。最後に，三代章では，留学生の就職支援の議論とコミュニカティブ・アプローチの関係を批判的にとらえ返し，ポスト・コミュニカティブ・アプローチの就職支援の可能性と課題について議論する。

　本書は，2013年3月に佐藤が企画したアメリカ日本語教師会（サンディエゴ）の「コミュニカティブ・アプローチ再考――対話，協働，自己実現をめざして」パネル（熊谷由理・芝原里佳），学会誌『リテラシーズ』20号の特集

「コミュニカティブ・アプローチを考える」(2017)(西口光一・義永未央子・芝原里佳)がもとになっており，その後，佐藤が久保田竜子，此枝恵子，細川英雄，三代純平に，西口が百済正和に声をかけ，実現することになった。また，本の編集にあたって，くろしお出版の坂本麻美さんにはたいへんお世話になった。この場を借りてお礼を申し上げたい。

冬のプリンストンにて
佐藤慎司

第1部

コミュニカティブ・アプローチ理論編

コミュニカティブ・アプローチをめぐって ...... 熊谷 由理・佐藤 慎司
ポストメソッド時代の言語教育デザイン ...... 百濟 正和・西口 光一

第1章

コミュニカティブ・アプローチをめぐって
―― ポスト・コミュニカティブ・アプローチがめざすもの

熊谷 由理・佐藤 慎司

1. はじめに

1980年以降，アメリカの外国語教育において，コミュニカティブ・アプローチ（CA）（コミュニカティブ・ランゲージ・ティーチング（以下，CLT）とも呼ばれる）[注1]は，かつてない最も効果的な教授法[注2]だと言われ一世を風靡してきた。今日，（特に初級・中級レベルにおいて）「『コミュニケーション』に重点を置いた指導を行う」というのは，ごく当然のこととして語られる。しかしながら，突き詰めて考えてみると，「コミュニケーション」とは何なのか，何をもって「コミュニカティブ・アプローチ」と呼ぶのかという根本的な問いへの共通した認識はなく，その返答はさまざまである[注3]。しかし，本章で問題としたいのは，コミュニカティブ・アプローチに関する多くの研究・実践論文が，あたかも一つの確固たる共通理念に基づいたアプローチがあるかのような議論を行ってきている点である。

このような状況を鑑みて，本章では，コミュニカティブ・アプローチが唱え

注1　本章では，統一して「コミュニカティブ・アプローチ」という用語を使うが，引用文において原文が「コミュニカティブ・ランゲージ・ティーチング」の場合にのみ，それに準ずる。

注2　本章では，広くアプローチとメソッドの両者を指す場合に「教授法」という用語を用いる。

注3　本章では，「アプローチ」と「メソッド」という用語に関して，Antony（1963）の説明に則り，アプローチとは言語を提示したり教えたりすることに関する理論的立場であり，メソッドとは言語を提示したり教えたりする際の手順に関する計画であるという定義を用いる。そして，コミュニカティブ・アプローチ（あるいは，コミュニカティブ・ランゲージ・ティーチング）は，その名が示す通りメソッドではなくアプローチであるとし，さまざまな形で実践されていることは当然であるという立場をとる。

られるようになった背景を簡単に振り返りつつ,コミュニカティブ・アプローチをめぐって,今日までに繰り広げられてきたさまざまな争点をまとめる[注4]。そうすることで,コミュニカティブ・アプローチという名の下に実践されている多様な立ち位置や指導法を明らかにし,その全体像を浮き彫りにすることができると考えるからである。

その後,「コミュニケーション」という概念やコミュニカティブ・アプローチの根底にある教育理念を批判的に考察し,コミュニカティブ・アプローチに欠けているものは,相手としっかり向き合ったうえで対話を行い,協働しながら,自己実現をめざしていけるような実際のコミュニケーションの場を体験することであるということを確認する。

2. コミュニカティブ・アプローチ──理論的背景

1970年代の欧州では,ヨーロッパ共同体(EU)が形成されたことをきっかけに,国家間での移民や労働者の移動の増加という社会現象が起こり,成人を対象に意志の伝達能力を育成することが早急の課題となっていた(Savignon, 2002)。それを受け,イギリスでは,Christopher Candlin や Henry Widdowson といった応用言語学者らによって,外国語学習においてコミュニケーション能力を養う必要性が訴えられ始めた。

一方,アメリカでは,実際の言語使用の場面や,言語の機能的な側面に焦点を当てた教授法の開発が始められた(Kramsch, 1986)。その背景には,それまでの構造主義的な言語観に基づいた外国語教育のアプローチや行動主義に則った学習観を批判する形でチョムスキーが提唱した「言語能力(linguistic competence)」という考え方(Chomsky, 1966)や,それに呼応する形でハイムズが提唱した「伝達能力(communicative competence)」という概念(Hymes, 1972)などがあり,アメリカ言語学界における一連の理論が新たな外国語教育

[注4] 本章で取り上げるコミュニカティブ・アプローチに関する文献は,日本語教育に特化したものではなく,外国語としての英語教育の分野(Teaching English as a Foreign Language; EFL)からの論考が多くを占める。しかし,これらの文献を統合的に概観することから得られる知見は,外国語としての日本語教育(また,そのほかの外国語教育)を考えるうえでも有益であり,重要な意味を持つと考える。

のアプローチの開発に拍車をかけたと言える。

　その後確立されていくコミュニカティブ・アプローチの発達と広がりには，特に，ハイムズの「伝達能力」，そして Canale & Swain（1980）によるその概念の第二言語能力への応用，また，当時最も斬新な言語学理論と言われた Austin（1962）と Searle（1969）の言語行為論，さらには Halliday の提唱した機能的言語学といったものが大きな影響を与えた。その結果，コミュニカティブ・アプローチはそれまでに例を見ないほどの有力な外国語教育の教授法として，その地位を確立したのである。

　Oxford, Lavine, & Crookall（1989）は，コミュニカティブ・アプローチの根底にある教育理念として以下の4点を挙げた。

　（1）伝達能力の習得を目的とする
　（2）形式と間違いにコミュニカティブに対応する
　（3）4技能の統合をめざす
　（4）意味，状況，オーセンティックな言語に焦点を当てる

　コミュニカティブ・アプローチは，それらの理念を礎としたうえで，今日に至るまでにさまざまな理論の影響を受け，多様な解釈をされ，世界各地において多様な形で実践されている（Richards & Rodgers, 2001）。Harmer（2003）は，「CLTを語るうえでの問題は，それが人それぞれによって大きく異なったものとして理解されていること」（p. 289）であり（同様に，Li, 1998; Richards & Rodgers, 2001; Butler, 2011; Hiep, 2007; Dörnyei, 2009 など），「CLTはもはや非常にあいまいな形（たとえば，学習者にコミュニケーションを促す）でしか記述できない現象となっている」（p. 289）としている。

　Howatt（1984）は，CLTには「弱いバージョン（weak version）」と「強いバージョン（strong version）」があるとし，前者は「学習言語を使ってコミュニケーションを行うことを目的としたアクティビティを教室活動に取り入れることを強調したもの」，後者は「言語習得はコミュニケーションを通してなされるもの」であるという理論的立場を取ると説明する（p. 279）。「弱いバージョン」は，コントロールされた意味のあるコミュニケーション活動を教師が

計画・導入することで，学習者が徐々に独立した話者としてより自然な状況でコミュニケーションできるようになるための直接的な役割を果たすべきであるとする。一方，「強いバージョン」は，言語習得の過程は教師がコントロールできるものではなく，教師の役割は言語の知識を教えることではなく学習過程を促進することであるとする。このような理論的立場の差が，実践研究者間，および教師間でアプローチに関する問題点や課題について建設的な対話を行うことを困難にしていると言える。

3. コミュニカティブ・アプローチをめぐって

本節では，コミュニカティブ・アプローチが実践研究者にどのように理解され実践されているのかを明らかにするために，主要問題として議論されてきている点をまとめる。

3.1 「伝統的」教授法とコミュニカティブ・アプローチの対比

コミュニカティブ・アプローチは，「伝統的」な教授法と比較されて議論されることが多い。コミュニカティブ・アプローチが「モダン」「優れた（superior）」といった文言で描写される一方で，「伝統的」な教授法は「遅れた（backward）」教授法であると言われることがある（Griffiths, 2011; Beaumont & Chang, 2011）。このように対比をするにあたり，いったい何をもって「伝統的」あるいは「コミュニカティブ」と呼んでいるのかという疑問が持ちあがる。たとえば，Butler（2011: 37）は，「伝統的」な教授法を「綜合的アプローチ（synthetic approaches）」（西口訳）と呼び，言語を文法，単語，音素，構造，機能といった部分に分解して提示し，それらを積み木を積み重ねるかのように教えるものであると説明する。また，Lochland（2013）は，教師中心の教授法で形式にとらわれ，明示的な PPP 形式（presentation, practice, and production）を採る方法であるとしている。つまり，「伝統的」な教授法とは，コミュニカティブ・アプローチに先行した文法訳読法やオーディオリンガル・メソッドのことであり，文法をまず知識として理解し，それが使えるように反復やドリルを通して記憶することを強調したものを指している。このような教授法では，高度なコミュニケーションの能力を伸ばすことはできないと批判さ

れている（Butler, 2011: 36）。

　しかし，こういった二項対立的な教授法の扱いは「その真偽が疑わしい（dubious）」（Kramsch, 1993）と批判され，さらには「コミュニカティブ」という用語自体を放棄すべきだという意見もある（Beaumont & Chang, 2011; Hunter & Smith, 2012）。Griffiths（2011: 302）は，さまざまな要素を念頭に，「伝統的」対「コミュニカティブ」というように対立的に議論するのではなく，「弱いバージョン」と「強いバージョン」を両極とする連続体のどこに教師が自分自身の立ち位置を取っているのかという議論をするべきであろうと提案している。

　しかしながら，アジア諸国（あるいは Beaumont & Chang（2011）が「儒教の影響をもつ文化」と呼ぶ地域）での学校における外国語教育の文脈においては，今日においても「伝統的」教授法との対立という形でコミュニカティブ・アプローチの適切さや可能性について盛んな議論が続けられている。その文脈においてコミュニカティブ・アプローチは，「西洋的な言語教授法」であり「教師中心型のアプローチが奨励される EFL 諸国にとって異質なもの」であるいうと議論がよくなされる（Ahmad & Rao, 2012: 31）。その際，「東洋 vs. 西洋」（Burnaby & Sun, 1989），「儒教的な考え方／儒教を背景とする文化 vs. アングロサクソン的な考え方」（Lochland, 2013; Beaumont & Chang, 2011; Hiep, 2007）といった用語が使われ，その地域に特有の諸要素が対比的に議論される。これらの研究は，中国，香港，日本，韓国，マレーシア，シンガポール，タイ，ベトナム，バングラデシュといったアジア太平洋地域の国々（Butler, 2011），またトルコ，イランといった中近東の国々で行われた実践研究がその多くを占める。これらの論考が共通して批判するコミュニカティブ・アプローチの問題は，文化的，組織的，教育的状況，さらには，学習者のニーズや要望など，文脈に関するさまざまな要素に起因している（Bax, 2003; Butler, 2011; Beaumont & Chang, 2011）。

　アジア諸国においてコミュニカティブ・アプローチを取り入れることの難しさは，今日に至るまで広く議論されてきている（Hiep, 2007; Griffiths, 2011; Beaumont & Chang, 2011; Butler, 2011; Humphries & Burns, 2015）が，その要因は，以下の5点にまとめることができる。

(1) 教師の要因：効果的な教授に関する教師のビリーフ，コミュニカティブ・アプローチに対する誤った認識，自信・専門的技術の欠如，トレーニングの欠如
(2) 学習者の要因：モチベーションの欠如，「コミュニケーション」をめざした教室タスクへの不安や不慣れ，試験への心配
(3) 教室運営の要因：クラスの大きさ，授業時間，クラスの管理，適切な教材の不足
(4) 組織的・教育的要因：「試験文化」，政府の政策，指定教材（教科書など），人材（ネイティブスピーカー）の不足，専門家によるサポートの欠如
(5) 社会的・文化的要因：教師・学生の役割，教育の目的に対する「伝統的」「文化的」なビリーフ，教室外で学習言語を使う必要性の欠如

　ただし，「東洋 vs. 西洋」といった二項対立的な考え方は，固定的に捉えるべきではないと強い批判を受けている（Beaumont & Chang, 2011; Kubota, 1999）。したがって，これらの報告が明らかにしているのは，文脈に関係なくすべての人にとって有効な教授法，また，同じ文脈であっても常に効果のある一つの教授法などというものはないということであり，効果的な実践とはローカルな現場の状況に根ざしたものであると同時に，決して静的なものではないという警告であろう。

3.2 コミュニカティブ・アプローチ実践に関する争点
　コミュニカティブ・アプローチをめぐって交わされる多くの誤った認識に対する懸念から，Savignon（2007）は，"What CLT is not" という点について以下のように挙げた。

- CLT は口頭での面と向かったコミュニケーションだけに限ったものではない
- CLT は小グループワークやペアワークを必須とするものではない
- CLT はメタ言語への気づき，統語論や談話の知識，そして社会的適切

さに関する知識やルールを否定するものではない（p. 231）

同様に，Wu（2008）はコミュニカティブ・アプローチに関する四つの「誤解」として，以下のような点を挙げた。

・CLTは，意味にのみ焦点を当てるという誤解
・CLTは，学習者の間違いに明示的に対応しないという誤解
・CLTは，話す，聞く練習のみを行うという誤解
・CLTは，学習者の第一言語使用を避けるという誤解

以上を踏まえて本節では，コミュニカティブ・アプローチをめぐる中心的な争点として「明示的」指導と「暗示的」指導の果たす役割について，以下の四つのトピックについて議論する。

(1) 意味に注目した指導 vs. 形式に注目した指導
(2) 文法教授のあり方
(3) 間違い修正のフィードバック
(4) 会話の流暢さ vs. 文法的正確さ

［意味に注目した指導 vs. 形式に注目した指導］
　コミュニカティブ・アプローチは，それに先行して行われていた文法や文の構造，語彙などのルールに基づいて指導するメソッドが，学習者が実際の言語使用の場において，自然・適切にコミュニケーションを行えるように導けなかったことに対する不満から生まれた。そのため，コミュニカティブ・アプローチの支持者は言語の教授・指導は「意味に注目した指導」であるべきだという強い信念を持ち，それが「形式に注目した指導」や明示的な文法指導の否定へと導いたと言える（Doughty & Varela, 1998; Lightbown, 1991; Lightbown & Spada, 1990; White, 1991）。Spada, *et al.*（2014: 3-4）は，その原因を，「形式に注目する」という考え方が，一見コミュニケーションに注目した指導法と相いれず，それまでの形式に基づいたアプローチへの「逆戻り」であると取られた

からだろうと推測している。

　形式に注目した指導を行わないという立場は，多くの研究者からの批判を招いた（Samuda, 2001; Spada & Lightbown, 2008; Spada, et al., 2014）。Samuda（2001）は，意味に注目した指導はもちろんコミュニカティブ・アプローチの核となる要素ではあるが，形式に注目することも決して無視することはできないとしている。Spada & Lightbown（2008）は，学習者にとって困難な学習言語の特徴を学ぶためには，形式に注目した指導は必要であるという立場を取っている。同様に，Dörnyei（2009: 36）は，単なる言語のインプットを経験させコミュニカティブな練習をすることだけでは言語学習としては不十分であり，明示的な学習の過程（たとえば，形式への注目や教師によってコントロールされた練習）がより自然なコミュニケーションを可能にし，効果的に言語能力を伸ばすために必要であることを研究結果を基に結論づけている。

［文法教授のあり方］
　形式に注目した指導を行うか，行わないかという議論に関連して，文法指導のあり方も争点の一つとなっている。コミュニカティブ・アプローチの支持者の中には，Krashen（1982）の言語習得仮説に則り，言語の形式は学習者がコミュニケーションを目的としたタスクに従事した結果として身につくものであるとし，文法の指導を否定する者もいる。その一方で，Celce-Murcia, Dörnyei, & Thurrell（1997）は，認知心理学の理論に則ったうえで「効率的な学習を促すためには，学習者は学習の目的に注意を払い練習することで，コントロールされたプロセスから自動的なプロセスへと移行することができる」と議論している（p. 145）。
　Cullen（2008）は，1990年にWiddowsonが述べた「解放力（liberating force）としての文法」という考え方に言及し，「文法がもつある種の解放力はその本質的な特性，つまり，コミュニケーションを行う際の意味作りに貢献する力とその精密さにある」とする（p. 223）。Cullenの論考に呼応する形で，Bruton（2009）は，適切な文脈に埋め込まれた形で行うコミュニカティブな文法練習の必要性を訴え，「文法は解放力であるだけでなく，コミュニケーションをするためのリソースでもある」（p. 383）と論じた。このような議論を基

に，Celce-Murcia（2015）は，コミュニカティブ・アプローチ以前のメソッドのように，文法をカリキュラム構成の中心に据えるのではなく，文脈に埋め込み（文レベルではなく）談話・ディスコースレベルから文法を教えることの大切さを強調している。

[間違い修正のフィードバック]

　コミュニカティブ・アプローチにおいて，間違い修正のフィードバックをすべきか，するとしたらどんなフィードバックをどのように行うべきかというのは，いまだに意見が極端に分かれる争点である（Han, 2002）。コミュニカティブ・アプローチの支持者の中には，「学習とは学習者間のやりとりでの言語使用（アウトプット）を通してのみ起こるものである」（p. 2）という立場を取る者もおり，その結果，教師からの間違いへのフィードバックは弊害でしかないという意見もある。Larsen-Freeman（1981）は，その背後にある前提を次のように説明している。

- 間違いはコミュニケーションスキルを伸ばすための自然な産物であり，学習プロセスにおいて必要なものである
- 間違いを直す行為は通常の会話の流れを乱し妨害する
- 間違いを直す行為は学習者がコミュニカティブなタスクを遂行するのを邪魔する
- 間違いを直す行為は学習者のアフェクティブ・フィルターを作動させ，学習を奨励するどころか弊害でしかない

　たとえば，Truscott（1999: 442）は，間違いを直す行為は効果がないだけでなく，コミュニケーションを妨げる弊害であり，完全に排除すべきであると強く主張している。このような意見に対して，Lyster, Lightbown, & Spada（1999: 457）は「間違いへの適切なフィードバックは，現実的に可能かつ効果的であり，時には必要なものである」と激しく反論している（同様に，Lyster, 2004）。

[会話の流暢さ vs. 文法的正確さ]

　流暢さ，正確さのどちらに焦点を置くべきかというのも，コミュニカティブ・アプローチのもう一つの争点である。言語の正確さと文法構成の能力に焦点を当てる伝統的な形式に基づいた指導と比べ，コミュニカティブ・アプローチは，効果的にコミュニケーションを取るためには流暢さが正確さと同様（あるいはそれ以上）に重要であるとし，言語指導の中心に据えるべきであるとしている（Brumfit, 1979; Dörnyei, 2009）。Brumfit（1979）は，「流暢さ」とは，その言語を話すコミュニティによる社会的な判断の基となる相対的な概念である一方，「正確さ」とは，記述的な言語の見方であり，順応性や即興性といった能力を軽視するものであると警告している。したがって，間違いの修正フィードバックは，学習者のコミュニカティブなアクティビティへの従事の流れを阻止するという批判がある一方で，流暢さを伸ばすためには当初の明示的なインプットとそれに続く意識的な練習が必要であるという議論が交わされている（Dörnyei, 2009）。Brumfit（1979）は，「流暢さに焦点を置いたシラバスは正確さに焦点を置いたシラバスと比べ，その計画・設定が困難である」が，正確さから流暢さへの指導の焦点の変化は，言語学習を認知の過程や文化プロセスから分離して考えることの限界へと議論を導くであろうと結論づけている。

　以上のようなさまざまな議論が交わされる中，現在，コミュニカティブ・アプローチは，大きく変容しつつあるというのが，多くの外国語教育者が同意する見解のようである（Celce-Murcia, *et al.,* 1997; Richards & Rodgers, 2001; Spada, 2007; Dörnyei, 2009）。その変容というのは，一つには，Spada（2007）が言うように意味に焦点を当てながらも言語の形式に注意を払うことの大切さへの認識を含む（p. 271）ことにある。Celce-Murcia, *et al.*（1997, 同様に，Dörnyei, 2009）は，このような新しい形のコミュニカティブ・アプローチを，「原理に基づくコミュニカティブ・アプローチ（the principled communicative approach）」と呼び，それは直接的な知識学習と間接的なスキル学習をめざしたアプローチを統合したものである（Celce-Murcia, *et al.,* 1997: 147-148）と説明している。つまりは，「伝統的」vs.「コミュニカティブ」，「意味への焦点」vs.「形式への焦点」，「流暢さ」vs.「正確さ」のように対立的な議論をするの

ではなく，それぞれの学習の現場に適した形で両者のバランスをとった教育の方法を決定することが必要なのである。

4. コミュニカティブ・アプローチを超えて

　以上のようなコミュニカティブ・アプローチにまつわる混乱や考え方の相違を受け，多くの教授法専門家は，オルタナティブなアプローチを提唱するようになった。それは，「ポストメソッドの時代」の始まりとも呼ばれている。「ポストメソッド教授法（postmethod pedagogy）」という用語は，1994年にKumaravadiveluが初めて使用した用語である。これは，教師が作り上げた実践の理論（専門的知識と効果的な学習についての個人的な経験・ビリーフや視点）と実践の文脈の状況（ローカルな言語的，社会文化的，政治的な特徴）とのバランスをとった指導の大切さを強調するものである。本節ではこのポストメソッド（Kumaravadivelu, 2006）とそれに関連の深いマルチリテラシーズ（New London Group, 1996）を振り返る。

4.1　ポストメソッド[注5]

　近年，Kumaravadivelu（2006）はメソッド[注6]を超えた言語教育を唱えている。そして，ポストメソッドの時代に必要な言語教育の考え方は，特定性（particularity），実際性（practicality），可能性（possibility）の三つであると述べている。

　「特定性」とは，ある活動はどの文脈にでも当てはまる一般的なものではな

[注5]　なお，本章と百済・西口論文（第2章）においてポストメソッドという概念の扱いが異なっていることをここで指摘したい。本章では，さまざまに解釈されるコミュニカティブ・アプローチにおいて「ポストメソッド」という概念が隆盛してきたことを指摘し，Kumaravadiveluの提唱する同名の概念を援用しつつポスト・コミュニカティブ・アプローチを議論している。一方，百済・西口論文では，コミュニカティブ・ランゲージ・ティーチングがすでにポストメソッドであることを指摘し，英国の応用言語学の知見に支えられた原理に基づく言語教育を提案している。

[注6]　Kumaravadivelu（2003）は，第2言語，あるいは，外国語教育の分野で現在用いられているメソッドという用語は，その分野の専門家によって概念化され，構築・確立されたメソッドを指し，教員が教室で実際に行っていることとは異なるものであることを指摘している。そして，メソッドは，理想化された文脈での理想化された概念が基になっており，言語教育の複雑な世界を十分に説明するのには不適切であり，限界があると述べている（p. 28）。

く，必ず（一般化できない）特定の文脈の中で起こるということである。つまり，この特定性という考え方は，ある程度の一般化が可能という考えを基にしているメソッドという概念そのものをも否定するものでもある。「実際性」とは，理論と実践の相互作用／相互構築性の重要性を指している。理論はさまざまな人々の実践を基に作られ，実践はそれまでに構築された理論の影響を受けているという相互関係性に注目し，理論，実践，双方がお互いに構築し合っているという現状に注目すべきである。そして，アプローチ，理論を考えるのは理論家であり，それを基に活動を考案し，教案を作成するのは実践者，現場の教師であるといった役割分担を否定すべきであるとしている。そして，現場の教師，実践者が，自らの実践を通して知識，技能，態度，自律性などを繰り返し内省する過程において新たな理論を生み出していくアクションリサーチを推奨している。「可能性」とは，自分たちの置かれている社会文化的現状は，単にそれに従わざるを得ないというだけのものではなく，教師・学習者ともにその現状をよりよく変えることも可能であるということを指している。

　これらの三つの指標は，コミュニケーションという概念を振り返るうえで大切なものを提供している。それは，コミュニケーションというのは，必ず（一般化できない）特定の文脈の中で起こるものであり，その一般化には限界があるということである。したがって，コミュニケーションのルールを追求していくだけでなく，どうしてそのようなコミュニケーションのルールが追求されるのかという点，そして，そのコミュニケーションのルールが歴史的，社会文化的，政治的にどう構築されているのかという点にも注意を向ける必要がある。

　ポストメソッドに関連して，Bax（2003）は，教師らがコミュニカティブ・アプローチへの依存から離脱し，ローカルな文脈のニーズに合わせた指導をすることを勧めた「文脈アプローチ（a context approach）」を提唱した。また，Lochland（2013）は，教師それぞれが自分自身の実践を基に作り上げた理論とそれぞれの実践の場の社会文化的，教育的，そして，政治的な特徴をうまく統合した指導をすることを奨励し，それを「状況に根ざした教授法（a situated pedagogy）」と呼んでいる。このようなオルタナティブなアプローチが明らかにするのは，教師が自分自身の実践を通して有効だと考える状況に適した指導が何よりも重要だということである。

4.2 マルチリテラシーズ

ニューロンドングループ（New London Group, 1996）は，マルチリテラシーズという教育理念を提唱する中で，「状況に埋め込まれた実践（Situated Practice）」，「明示的指導（Overt Instruction）」，「批判的認識（Critical Framing）」，「変革実践（Transformed Practice）」の四つが大切であるとしている。「状況に埋め込まれた実践」とは，学習者がコミュニティの中で，一般化できない特定の文脈において実際に体験をすることを指す。これは，Kumaravadiveluのいう特定性という考え方に近い。そして，状況に埋め込まれた実践で得られたものを意識しコントロールする力をつけるためには，教師が適宜，足場作り（scaffolding）を行い，「明示的指導」をすることが大切であるとしている。そして，「批判的認識」とは，学習したことも含め，自明だと考えられているある特定の知識や社会実践を，歴史，社会，文化，政治的観点から批判的に見つめ直すことである。最後の「変革実践」とは，これまでに学習した事柄（既存のもの）を用いて，異なる対象者のため，異なるコミュニケーションの文脈において，自ら新しい意味を作り出していく実践である。ここで大切なことは，コミュニケーションのルールを教えることだけでない。コミュニティの中で経験豊富な者から支援を受けながら（明示的指導），学習者が意味のある方法でコミュニケーションに関わり（状況に埋め込まれた実践），コミュニケーションの過程を振り返り，知識として扱われていることや社会実践を分析し（批判的認識），これから起こりうるコミュニケーションに備えた準備をし，実際の場で行動を起こすこと（変革実践）である（このような実践の詳細はKumagai, Lopez-Sanchez, & Wu (Eds.), 2015 を参照）。

5. コミュニケーションについて考える

ここまで，コミュニカティブ・アプローチの多様な扱われ方や争点とそれを乗り超える教授法をまとめてきた。興味深いことに，コミュニカティブ・アプローチでは何をもって「コミュニケーション」と言うのかという定義を示したり，議論をしている論文は一つもなかった[注7]。アメリカでのコミュニカティ

注7　Harmer (1982) の "What is communicative" という論考は，教室活動が「コミュニカティブ」であるためには，学習者がコミュニケーションを取りたいという「願望」と何らかのコミュニケー

ブ・アプローチにおける権威者とも言える Savingnon（2002）は，コミュニカティブ・アプローチの言語観を次のように説明している。

> 言語とはコミュニケーションである。言語は話し手が意味を生成するための社会的な道具（social tool）であり，話し手は，口頭，あるいは筆記を通して，何らかの目的を達成するために誰かと何かについてコミュニケーションをとるものである。（p.6，熊谷訳）

つまり，コミュニカティブ・アプローチは，コミュニケーションを手段あるいは道具として扱う見方であり，言語使用とは何らかの「目的を達成する」ための行為であるとされている。その「目的」とは，インフォメーション・ギャップという考え方に象徴されるように，多くの場合「相互に欠けている情報を埋め合うこと」（高見澤，1989）であると考えられている。さらに，「話し手が意味を生成するための」という文言から察するところ，意味の生成とは，発話者の意志や意図通りになされるものであると考えられているようでもある。しかし，コミュニケーションの目的に到達するには誰もが予測可能な同様のステップを踏むわけではないし，ある程度の傾向はあるにせよ，コミュニケーションの場で相手がどう出るかは，多くの場合において予測不可能な場合が多い。また，個人によって目的の到達地点が違う場合もあるだろうし，その目的や伝えたい意味は，意味構築過程での交渉によって明確になる場合もあるだろう。つまり，コミュニカティブ・アプローチには，予期せぬやりとり，また，相互のやりとりや交渉によって作り出される意味という考え方への視点が欠けているように取れる。

もし前節で挙げた「ポストメソッド」と「マルチリテラシーズ」という二つのアプローチがこれからの言語コミュニケーション教育を考えるうえでのヒントになるとするならば，それはいったいどんなものになるべきなのか。ここで，筆者らは言語のシステムの学習に加え，1）コミュニケーションストラテ

ションの「目的」がなければならないことを強調し，インフォメーションギャップやペア・小グループでのタスクは，教師が準備，コントロールしている限り「コミュニカティブ」ではないと主張している。

ジー，2) 批判的メタ言語・文化・コミュニケーション意識，というものをことばの教育で積極的に取り上げることを推奨したい。

5.1 コミュニケーションストラテジー

　現実のコミュニケーションを考えた場合，予測通りに物事が進むということはむしろ少なく，ほとんどの場合は相手と状況を見極め，いわば即興的にコミュニケーションを進めていかなければならないことが多い。では，学習者がそのように対応できるようになるためには何が大切なのであろうか。まず，実際のコミュニケーションを数多く体験すること，そして，その体験を振り返り，どんな状況でコミュニケーションがうまくいったのか，どんな状況で相手との誤解が生じたのかという実例を教室に持ち寄り，次に同じような状況に遭遇した場合，どのように振る舞ったらよいのかを皆で話し合うことが重要である（ドーア，2011）。そのために，教師は 1) 実際にコミュニケーションを体験する場を与える，2) 実際のコミュニケーションで起こったことを内省し，ともに考える場を提供することが必要である。1) に関しては，何を「実際のコミュニケーション」と定義するかによってどのような準備をするかは異なってくるが，身近に存在するリソースを活用し，地域のコミュニティを巻き込んだり（Fukai & Noda, 2012; 佐藤・柴田，2014; 佐藤，2016a; 2016b），ビジターセッションを行うなどの実践や（近松，2008; 2009; Chikamatsu, 2012; Kubota, 2012），最近ではテクノロジーを使ったさまざまな実践（佐藤・熊谷，2011; 熊谷・加藤，2014; 2017）などが報告されている。2) に関しては，たとえば，Canagarajah（2006）は，学習者に以下のようなコミュニケーションストラテジーを教えることを提案している。

- コードスイッチ，クロッシング（Rampton, 1995）
- スピーチ・アコモデーション（Speech accommodation）（Giles, 1984）
- 対人関係のストラテジー（Interpersonal strategies）（Gumperz, 1982; Seidlhofer, 2004）[注8]

注8　対人関係のストラテジーには，修復（Repair），言い換え（Rephrasing），明確化（Clarification），ゼスチャー（Gestures），トピックの変更（Topic change），合意を志向したお互いにサポートし合

・言語使用者の態度に関する情報（Attitudinal resource）[注9]

多言語話者[注10]は，会話の中でコミュニケーションを成り立たせるために，二つ以上の言語を使い分けたり（コードスイッチ，クロッシング），話し相手に合わせて話し方を調整して（スピーチ・アコモデーション）いる。それだけでなく，言い換えや，ゼスチャーなど対人関係のストラテジーも大切である。また，忍耐，寛容，謙虚さなどの話者の態度に関する研究結果を示すことで，多言語話者がどのように意味を汲み取りながらコミュニケーションしているのかということも理解できるようになる[注11]。

上のようなストラテジーを身につけ，対人関係を築くためのさまざまなストラテジーを確認し，場や状況に応じてそれらを使いこなせるようになること，また，言語使用者の態度に関する情報などを得ることは，学習者がこれからのコミュニケーションをスムーズに行っていくうえで有意義なことである。しかし，さらに議論を一歩進めれば，コミュニケーションが「スムーズにいく」ことにのみ焦点をおいている指導では，コミュニケーションが「スムーズにいく」とはどういうことなのか，誰にとっての「スムーズさ」なのかといった根本的な問いが考慮されることはない。次節ではその問題を考えるために，批判的（メタ）コミュニケーション意識について考えたい。

5.2 批判的メタコミュニケーション意識

コミュニケーションがスムーズにいくとはどういうことなのだろうか。自分

うインターアクション（Consensus-oriented, mutually supportive interaction）などが含まれる。

注9　言語使用者の態度に関する情報には，忍耐（Patience），許容（Tolerance），異なる意見交渉の際の謙遜の度合（Humility to negotiate difference）などが含まれる。

注10　ここでは，一つの言語の中のバラエティ（方言など）も一つの言語に数えるが，厳密に言えば何をもって一つの言語と数えるのかという問いの答えはきわめて政治的である（詳細は佐藤（2015）を参照）。

注11　このような提案は，外国語教育の目標をネイティブスピーカーのように話せることに設定するのではなく，むしろそれぞれの持つリソースを活かしたトランスリンガル話者を育てることに重きを置くべきであるという最近の言語教育関連の理論（Canagarajah, 2015; Garcia & Li Wei, 2014; Pennycook & Otsuji, 2015）とも関連する部分が多い。

はコミュニケーションがスムーズにいったと思っていても，コミュニケーションの相手が同様に感じているとは限らない。何をもってスムーズなコミュニケーションと考えるのかの定義が個人によって異なる場合もあれば，コミュニケーションの目的の到達地点がお互いに異なる場合もある。

そのような根本的な問いを考えるにあたり，Fairclough（1996）が第一言語学習の分野で提唱している批判的言語意識（critical language awareness）という概念は示唆に富んでいる。Fairclough は，教師・学習者が実際に言語を使っていくうえで，どの言語が「正当（appropriate）」だと考えられているのか（その前提として，何をもって一つの言語とするのか）について批判的に認識できるようになっていくこと，つまり「批判的言語意識」を持つことが大切であると述べている。ここでは，どの言語が「正当」だと考えられているのかという問いを，どんな「正当な」（「正しい」）言語を使用すればコミュニケーションが「スムーズに」いくと考えられているのかと言い換えることもできる。本節では，この Fairclough の批判的言語意識を，言語だけでなく，文化，コミュニケーション概念にも広く応用し，それらすべてを批判的に捉える「批判的メタコミュニケーション意識」という概念を提唱したい。

外国語教育の分野でも Maxim（2004）が，言語，文化，コミュニケーションというものは特定の文脈に埋め込まれ社会文化的に構築されているものであるということを理解せずに言語を使用することは，本来，意味があるとは言えないと述べている。では，特定の文脈に埋め込まれた社会文化的に構築されている言語，文化，コミュニケーションというものを理解するためにはどうしたらよいのであろうか。

批判的メタコミュニケーション意識育成の一例として，専門英語（English for Specific Purpose; ESP）の分野でのクリティカルなアカデミック英語（English for Academic Purpose; EAP）が挙げられる。Benesch（2001; 2009）は，通常の ESP（あるいは，EAP）においては，英語を第一言語としない学習者は専門の学問分野での未熟者，あるいは新参者という立場に置かれ，ゆくゆくメンバーとして受け入れてもらうことを目的に，与えられる知識や技能を受動的に学び，自らの言語や考え方をそのコミュニティの規範や要求に合わせることを強要されていると批判している。そして，そのようなアプローチに対し，クリ

ティカルな ESP では，次のような点についても深く分析・検討する必要があると議論している。

- 誰が必要とされる能力やゴールの設定をしているのか
- なぜそのような能力やゴールが必要とされるのか
- そのようなゴール設定をすることで誰が有利な立場に置かれるのか
- そのようなゴールに対して異議を唱えるべきなのかどうか

　つまり，クリティカルな ESP では，現状を明らかにするだけでなく，よりよい状況をも検討していく必要性を謳っているのである。そして，そこでの知見を基に開発されたクリティカルな EAP は，実用性のみを重視した EAP には欠けている「現状を疑問視・問題視する場」を学習者に提供することができるとしている（Benesch, 2001; 2009; Canagarajah, 2002; Harwood & Hadley, 2004; Morgan, 2009; Pennycook, 1997; Starfield, 2004 など）。さらに，クリティカルな EAP を実践する教師自身は，学習者が必要とする専門分野に対応するための能力を伸ばす手助けをすると同時に，専門教育・職業の現場，そして，それをとりまく社会の状況を改善するための努力もすべきであると主張している（Benesch, 2009; Chun, 2009; Morgan, 2009a; 2009b; Pennycook, 1997）。
　グローバリゼーション，そしてインターネットの発達に伴いさまざまなコミュニケーションテクノロジーの開発がめまぐるしく行われる現在，多様な言語とそのバリエーション[注12]を用いる人々がコミュニケーションを行うことが，言語教育における新しい課題であるかのような議論がよくなされる。しかし，Canagarajah（2006）は，前近代（pre-modern）の言語状態を見直すと，一見混沌としているかに見える現在の言語状況が決して新しいものではないことが分かるとし，それは，むしろ，国民国家と言語が結びついていなかった時代のコミュニケーションの状態とも似ていると指摘している。たとえば，日本を例にとると，江戸時代の話し言葉には，階級，職業ごとの言葉，また，地域の言葉などがあり，意思疎通がしにくい，あるいは，取れない場合もあった。

注12　地域差，世代差，性差だけでなく，書き言葉，話し言葉の違い，また，メール，チャットなどの新しいコミュニケーションの形態も含む。

そのような混沌とした状況の中でも，人々はなんとかコミュニケーションを行っていたのである（Gluck, 1985）。

このように教師や学習者が自分たちの置かれている社会文化的環境を批判的に認識することは，非常に重要である。しかし，その認識を持ちながら，どのように社会文化的環境に日常において対処していけばいいのだろうか。Canagarajah（2006）は，前近代の言語状態とコミュニケーションの特徴を捉え，現在の言語教育に以下のような提案をしている。

- ルールや慣習に焦点を当てるのではなく，コミュニケーションストラテジーに焦点を当てるようにする。それにより，「正しさ」ではなく，実際の相手とのコミュニケーションでいかにストラテジーを使って，協働的に目標を達成することができるかに集中することができる。
- ある言語を「マスターする」というよりも，学習者のもつ（ことばの）レパートリーを増やしていくようにする。そして，さまざまなコミュニティ，話者と関わっていく中で多様なバリエーションの中に存在する差異を読み解いていく感性，つまり，メタ言語意識を育てる。

次節では，このCanagarajah（2006）の提案も参考に，教師・学習者がどのように言語コミュニケーション教育・学習を捉え，関わっていったらよいのかについて考察したい。

6. 対話，協働，自己実現に向けて

本節では，上記の枠組みを参考にし，従来のコミュニカティブ・アプローチを越えるために，対話，協働，自己実現という概念を軸に据え，筆者らがこれからの言語教育に必要だと考える事柄をまとめたい。

まず，コミュニカティブ・アプローチを乗り越えた言語教育，教室活動を行うためには，教師の根本的な意識改革が必要とされる。従来，コミュニケーションとは，言葉を道具とし，ある程度予測可能なプロセスを経て，情報や意味が話し手から受け手へと伝達する行為であるいう考え方が主流であった。それを再考し，コミュニケーションとは，その場に参加する者が相手としっかり

向き合い（対話）ながら，ともに（協働）自分自身の目的達成（自己実現）を行っていくプロセスであると考えることが必要である。

　そのようなコミュニケーションを教室活動で実現させるには，従来の「正確さ」や「流暢さ」に焦点に置いた教室活動・タスクだけではなく，コミュニケーションに参加する者が皆，お互いに対話をしたい，通じ合いたいという共通の願いを探っていける（自己実現）ようなイマージョン体験が必要である。その体験で大切なのは，言語の形式に注目した指導と言語の意味にも注目した指導をバランスよく行い，文法教授や間違い修正のフィードバックを行うことである。また，教師がコミュニケーションストラテジーに焦点を当てながら学習者のことばのレパートリーを増やしていくのを手助けすると同時に，参加していく状況やコミュニティ間の規範や慣習などを読み解いていく感性，つまり，批判的メタコミュニケーション意識を育てていくことも大切である。その際，単に規範や習慣を学習・習得し，従順に受け入れ同化することを学習者に要求するのではなく，学習者が自分の属する（あるいは属したい）コミュニティのよりよい将来の可能性のために，既存の規範や慣習を批判的に認識できるように手助けすることが必要となる。そのためには，教師自身が自らの持つさまざまな知識やリソースを批判的に再認識し，学習者に現状を問題視するような批判的な問いかけを行うといった明示的指導を行うべきである。

　そして，教師は，学習者が身につけたレパートリーと感性を活かし，複数のコミュニティの間を行き来したり，新しいコミュニティを作ったり，別のコミュニティへと移動したりしながら自己実現していける場を提供することが必要なのである。さらに，学習者の自己実現がうまくいかなかったときには，その原因を学習者とともに考え，必要があればその答えを引き出すためのヒントを与えたりするような明示的指導をしたりすることも重要である。

　以上のような教育実践をするためには，教師自身，教師，研究者のコミュニティの一成員として，コミュニティの将来の可能性，それと密接に関係ある自己実現のために，現状の批判的認識をすることが必須である。そして，教師自身，既存の理論や教授法の制約を受け，カリキュラム，教材，教案を作成する「受身的な存在」として自らを捉えるのではなく，ほかの教師や言語教育関係者，また，学習者と対話，協働しながら，現行の理論や教授法の問題点を乗り

越えるような教育実践を試みたり，今ある理論では見逃されているような点に注目して新しい実践を開発していくことで，理論や教授法そのものをも変革していくような「能動的な存在」として自分自身を捉え直すことが必要であろう。

7. おわりに

　最後に人が「コミュニケーションを行う」というのは，どういう営みなのか，人は何のために他者と（広義の意味での）言語を媒体として関わりを持つのかを，本章の議論を踏まえたうえでさらに論究したい。人々がコミュニケーションを行う理由は，日々の生活において必要な情報や知識の収集や交換，よい人間関係の構築，新しい技術や技能取得のための学びの行為，趣味や娯楽といった人間生活を豊かにするための活動など，さまざまな具体的な可能性が考えられる。しかし，どんな理由であれ，その根底には一人の成員として社会に参加するという目的があるはずである（佐藤・熊谷, 2011）。そのためには，対面での（あるいは，インターネットを利用して行う）口頭のやりとり，時空を超えてテキストを利用してのやりとりなど，その時代や個人の置かれる環境・状況に適したコミュニケーションの形態を身につけていく必要がある。また，「ボーダーレス化」「グローバル化」，そして，「情報化」がめざましく進む現代においては，多種多様な言語や文化が混種化し，変容をし続けている。そのような状況においては，以前にもまして，言語や文化を一定で静態的なものとして扱うことはできない。

　このような時代に生きる私たちに要求されるのは，「こうすればコミュニケーションがうまくいく」といった紋切り型的なコミュニケーションのパターンを身につけることではなく，さまざまな予期不可能な状況においてでも臨機応変に適応するための柔軟性，他者との交渉を通して相互理解をめざすための粘り強さ，また，自分とは異質の者や考え方に対して即時の判断を踏みとどまるための寛容さといった資質ではないだろうか。さらに，私たちは単なる情報の送り手，受け手としての役割を果たすだけでは不十分であり，巷に氾濫する情報の適切性・信憑性を見極め，目的に応じて情報を収集したり，新たな情報や知識の創造に積極的に関わったりしていくことが求められる。

言語教師として，以上のような優れたコミュニケーションの担い手（ましてや，第一言語ではなく外国語での担い手）を育成するためには，対話，協働，自己実現を教育理念の軸に据え，プログラム，カリキュラム，日々の教室活動，そして，教室外での有意義な言語活動を設計，計画していくことが何よりも大切である。

謝辞

本章は 2013 年にサンディエゴで開催されたアメリカ日本語教師会の年次大会での発表原稿，および「リテラシーズ」の掲載原稿（佐藤・熊谷，2017）が基になっている。学会発表の際の共同発表者であるココ出版の吉峰晃一朗氏にも感謝の意を表したい。

参考文献

熊谷由理・加藤鈴子（2014）．「「第三の空間」としてのテレコラボレーション――意味の協働構築を実現するための「自己開示」「自己投資」」『言語文化教育研究』 *12*, 148-166.

熊谷由理・加藤鈴子（2017）．「ビデオ交流を通した自己の多文化受容力への気づき――日米大学間テレコラボプロジェクト実践報告」The 23rd Princeton Japanese Pedagogy Forum Proceedings.

佐藤慎司（2016a）．「教室から社会，社会から教室へ――社会・コミュニティ参加をめざすことばの教育」トムソン木下千尋（編）『人とつながり，世界とつながる日本語教育』（pp. 22-43.） くろしお出版.

佐藤慎司（2016b）．「学習者のアイデンティティと社会・コミュニティ参加をめざすことばの教育」本田弘之・松田真希子（編）『複言語・複文化時代の日本語教育――わたしたちのことばとは？』（pp. 209-232.） 凡人社.

佐藤慎司・熊谷由理（2011）．『社会参加をめざす日本語教育――社会に関わる，つながる，働きかける』ひつじ書房.

佐藤慎司・熊谷由理（2017）．「コミュニカティブ・アプローチ再考――対話，協働，自己実現をめざして」『リテラシーズ』 *20*, 1-11.

佐藤慎司・柴田智子（2014）．「「複言語・複文化主義能力」と言語・文化の流動性，ハイブリッド性――「見つめ直そう私の将来と日本語」プロジェクト」『ヨーロッパ日本語教育』 *19*, 221-226.

髙見澤孟（1989）．『新しい外国語教授法と日本語教育（NAFL 選書）』アルク.

近松暢子（2008）．「日本研究と言語教育の狭間で――上級日本語コンテント・ベース・コース「戦争と日本人」の考察」畑佐由紀子（編）『外国語としての日本語教育――多角的視野に基づく試み』（pp. 119-134.） くろしお出版.

近松暢子（2009）.「米国におけるコンテント・コミュニティーベース授業の試み——米国シカゴ日系人史」『世界の日本語教育』19, 141-156.

ドーア根理子（2011）.「「言語学習」という「統治のレジーム」の逆襲——日本語教育におけるブログ活動とその可能性」佐藤慎司・熊谷由理（編）『社会参加をめざす日本語教育——社会に関わる，つながる，働きかける』（pp. 127-160.）ひつじ書房．

Ahmad, S., & Cogman, R. (2012). Does it work? Implementing communicative language teaching. *Journal of Education and Practice, 3*(12), 28-35.

Anthony, E. M. (1963). Approach, method, and technique, *ELT Journal, 17*(2), 63-67.

Austin, J. L. (1962). *How to do things with words.* Oxford, U.K.: Clarendon Press.

Bax, S. (2003). The end of CLT: A context approach to language teaching. *ELT Journal, 57*(3), 278-287.

Beaumont, M., & Chang, K. S. (2011). Challenging the traditional/communicative dichotomy. *ELT Journal, 65*(3), 291-299.

Benesch, S. (2001). *Critical English for academic purposes: Theory, politics, and practice.* Mahway, NJ: Lawrence Erlbaum.

Benesch, S. (2009). Theorizing and practicing critical English for academic purposes. *English for Academic Purposes, 8*(2), 81-85.

Brumfit, C. (1979). 'Communicative' language teaching: An educational perspective. In C. Brumfit, & J. Keith (Eds.), *The communicative approach to language teaching* (pp. 183-191). Oxford University Press.

Bruton, A. (2009). Grammar is not only a liberating force, It is a communicative resource. *ELT Journal, 63*(4), 383-386.

Burnaby, B., & Sun, Y. (1989). Chinese teachers' views of western language teaching: Context informs paradigms. *TESOL Quarterly, 23*(2), 219-238.

Butler, Y. G. (2011). The implementation of communicative and task-based language teaching in the Asia-Pacific Region. *Annual Review of Applied linguistics, 31,* 36-57.

Canagarajah, S. (2002). *Critical academic writing and multilingual students.* University of Michigan Press.

Canagarajah, S. (2006). After disinvention: Possibility for communication, community, and competence. In S. Makoni, & A. Pennycook (Eds.), Disinventing and reconstituting languages (pp. 233-239). Clevedon, U.K.: Multilingual Matters.

Canagarajah, S. (2015). *Translingual practice.* New York, NY: Routledge.

Canale, M., & Merrill S. (1980). Theoretical bases of communicative approaches to second language teaching and testing. *Applied Linguistics, 1*(1), 1-47.

Celce-Murcia, M. (2015). An overview of teaching grammar in ELT. In M. Christison, D. Christian, P. A. Duff, & N. Spada (Eds.), *Teaching and learning English grammar: Research findings and future directions* (pp. 3-18). New York, NY: Routledge.

Celce-Murcia, M., Dörnyei, Z., & Thurrell, S. (1997). Direct approaches in L2 instruction: A turning point in communicative language teaching?. *TESOL Quarterly, 31*(1), 141-152.

Chikamatsu, N. (2012). Communication with community: Connecting an individual to the world through Japanese content-based instruction of Japanese American history. *Japanese Language and Literature, 46,* 171-199.

Chomsky, N. (1966). Linguistic theory. In J. P. B. Allen & P. V. Buren (Ed.), *Chomsky: Selected readings* (pp. 152-159). Oxford University Press.

Chun, C. W. (2009). Critical literacies and graphic novels for English-language learners: Teaching maus. *Journal of Adolescent and Adult Literacy, 53*(2), 144-153.

Cullen, R. (2008). Teaching grammar as liberating force. *ELT Journal, 62*(3), 221-230.

Dörnyei, Z. (2009). The 2010s. Communicative language teaching in the 21st century: The "principled communicative approach". *Perspectives, 36*(2), 33-43.

Doughty, C., & Varela, E. (1998). Communicative focus on form. In D. Doughty, & J. Williams (Eds.), *Focus on form in classroom second language acquisition* (pp. 114-138). New York, NY: Cambridge University Press.

Fukai, M., & Noda, M. (2012). Creativity in community involvement projects in study abroad programs. *Association of Teachers of Japanese Occasional Papers, 11,* 42-60.

Garcia, O., & Li Wei. (2014). *Translanguaging: Language, bilingualism and education.* London, U.K.: Palgrave Macmilla.

Giles, H. (1984). The dynamics of speech accommodation. *International Journal of the Sociology of Language, 46,* 1-155.

Gluck, C. (1985). *Japan's modern myths: Ideology in the late Meiji period.* Princeton University Press.

Griffiths, C. (2011). The traditional/communicative dichotomy. *ELT Journal, 65*(3), 300-308.

Gumperz, J. (1982). *Discourse strategies.* Cambridge University Press.

Han, Z. H. (2002). Rethinking the role of corrective feedback in communicative language teaching. *RELC Journal, 33*(1), 1-34.

Harmer, J. (1982). What is communicative?. *ELT Journal, 36*(3), 164-168.

Harmer, J. (2003). Popular culture, methods, and context. *ELT Journal, 57*(3), 288-294.

Harwood, N., & Hadley, G. (2004). Demystifying institutional practices: Critical pragmatism and the teaching of academic writing. *English for Specific Purposes, 23*(4), 355-377.

Hiep, P. H. (2007). Communicative language teaching: Unity within diversity. *ELT Journal, 61*(3), 193-201.

Howatt, A. P. R. (1984). *A history of English language teaching.* Oxford University Press

Humphries, S., & Burns, A. (2015). 'In reality it's almost impossible': CLT-oriented curriculum Change. *ELT Journal, 69*(3), 239-248.

Hunter, D., & Smith, R. (2012). Unpackaging the past: 'CLT' through ELTJ keywords. *ELT Journal,*

66(4), 430-439.

Hymes, D. (1972). On communicative competence. In J. B. Pride, & J. Holmes (Eds.), *Sociolinguistics* (pp. 269-293). Harmondsworth, U.K.: Penguin.

Khubchandani, L. (1997). *Revisualizing boundaries: A plurilingual ethos*. New Dehli, India: Sage.

Kramsch, C. (1986). From language proficiency to interactional competence. *The Modern Language Journal, 70*(4), 366-372.

Kramsch, C. (1993). *Context and culture in language teaching*. Oxford University Press.

Krashen, S. D. (1982). *Principles and practice in second language acquisition*. Oxford, U.K.: Pergamon Press.

Kubota, R. (1999). Japanese culture constructed by discourses: Implications for applied linguistics research and ELT. *TESOL Quarterly, 33*(1), 9-35.

Kubota, R. (2012). Memories of war: Exploring victim/victimizer perspectives in critical content-based instruction in Japanese. *L2 Journal, 4*, 37-57.

Kumagai, Y., Lopez-Sanchez, A., & Wu, S. (Eds.)(2015). *Multiliteracies in world language education*. New York, NY: Routledge.

Kumaravadivelu, B. (2003). *Beyond methods: Macrostrategies for language teaching*. New Haven, CT: Yale University Press.

Kumaravadivelu, B. (2006). *Understanding language teaching*. Mahwah, NJ: Lawrence Erlbaum.

Larsen-Freeman, D. (1981). *Teaching and principles in language teaching*. Oxford University Press.

Li, D. (1998). "It's always more difficult than you plan and imagine": Teachers' perceived difficulties in introducing the communicative approach in South Korea. *TESOL Quarterly, 32*(4), 677-703.

Lightbown, P. M. (1991). What have we here? Some observations on the role of instruction in second language acquisition. In R. Phillipson, E. Kellerman, L. Selinker, M. Sharwood Smith, & M. Swain (Eds.), *Foreign/second language pedagogy research: A commemorative volume for Claus Faerch* (pp. 197-212). Clevedon, U.K.: Multilingual Matters.

Lightbown, P. M., & Spada, N. (1990). Focus-on-form and corrective feedback in communicative language teaching. *Studies in Second Language Acquisition, 12*(4), 429-448.

Lochland, P. W. (2013). Moving beyond communicative language teaching: A situated pedagogy for Japanese EFL classrooms. *TESOL Journal, 4*(2), 261-273.

Lyster, R. (2004). Differential effects of prompts and recasts in form-focused instruction. *Studies in Second Language Acquisition, 26*(3), 399-432.

Lyster, R., Lightbown, P., & Spada, N. (1999). A response to Truscott's "What's wrong with oral grammar correction." *Canadian Modern Language Review, 55*(4), 457-467.

Maxim, H. (2004). Expanding visions for collegiate advanced foreign language learners. In H. Barnes, & H. Maxim (Eds.), *Advanced foreign language learning: A challenge to college programs* (pp. 178-193). Boston, MA: Heinle Thomson.

Morgan, B. (2009a) Fostering transformative practitioners for critical EAP: Possibilities and challenges. *Journal of English for Academic Purposes, 8,* 86-99.

Morgan, B. (2009b) Revitalising the essay in an English for academic purposes course: Critical engagement, multiliteracies and the internet. *International Journal of Bilingual Education and Bilingualism, 12*(3), 309-324.

New London Group (1996) A pedagogy of multiliteracies: Designing social futures. *Harvard Educational Review, 66,* 60-92.

Oxford, R. L., Lavine, R. Z., & Crookall, D. (1989). Language learning strategies, the communicative approach, and their classroom implications. *Foreign Language Annals, 22*(1), 29-39.

Pennycook, A. (1997). Vulgar pragmatism, critical pragmatism, and EAP. *English for Specific Purposes, 16*(4), 253-269.

Pennycook, A., & Otsuji, E. (2015). *Metrolingualism: Language in the city.* New York, NY: Routledge.

Rampton, B. (1995). *Crossing: Language and ethnicity among adolescents.* London, U.K.: Longman.

Richards, J. C., & Rodgers, T. S. (2001). *Approaches and methods in language teaching.* Cambridge University Press.

Samuda, V. (2001). Guiding relationships between form and meaning during task performance: The role of the teacher. In M. Bygate, M. Swain, & P. Skehan (Eds.), *Researching pedagogic tasks: Second language learning, teaching, and testing* (pp. 119-140). Harlow, U.K.: Longman.

Savignon, S. J. (2002). Communicative language teaching: Linguistic theory and classroom practice. In S. J. Savignon (Ed.), *Interpreting communicative language teaching: Contexts and concerns in teacher education* (pp. 1-27). New Haven, CT: Yale University Press.

Savignon, S. J. (2007). Beyond communicative language teaching: What's ahead?. *Journal of Pragmatics, 39,* 207-220.

Searle, J. R. (1969). *Speech acts: An essay in the philosophy of language.* Cambridge University Press.

Seidlhofer, B. (2004). Research perspectives on teaching English as a lingua franca. *Annual Review of Applied Linguistics, 24,* 209-239.

Spada, N. (2007). Communicative language teaching. In J. Cummins, & D. Davison (Eds.), *International handbook of English language teaching (Springer international handbooks of education)* (pp. 271-288). Boston, MA: Springer.

Spada, N., Jessop, L., Tomita, Y., Suzuki, W., & Valeo, A. (2014). Isolated and integrated form-focused instruction: Effects on different types of L2 knowledge. *Language Teaching Research,* 1362168813519883.

Spada, N., & Lightbown, P. M. (2008). Form-focused instruction: Isolated or integrated?. *TESOL Quarterly, 42*(2), 181-207.

Starfield, S. (2004). "Why does this feel empowering?": Thesis writing, concordancing, and the corporatizing university. In B. Norton, & K. Toohey (Eds.), *Critical pedagogies and language learning* (pp. 138-157). Cambridge University Press.

Truscott, J. (1999). What's wrong with oral grammar correction. *Canadian Modern Language Review, 55*(4), 437-456.

White, L. (1991). Adverb placement in second language acquisition: Some effects of positive and negative evidence in the classroom. *Interlanguage studies bulletin: Utrecht, 7*(2), 133-161.

第2章

ポストメソッド時代の言語教育デザイン
――応用言語学の視点と原理に基づく言語教育

百済 正和・西口 光一

1. はじめに

　応用言語学の最初の学術誌 *Language Learning* が創刊されてから，昨年でちょうど70周年を迎えた。当初，応用言語学が研究対象として扱ったのは，外国語や第二言語の教育（以降は，両者を区別しないで第二言語と呼ぶ）で，特に英語教育とともに応用言語学が発展してきた経緯がある。応用言語学が生まれた当初は，その名前が示す通り言語学が言語教育実践のための基盤となると目されていた。しかし，長い年月を経て応用言語学と言語学の関係は変化した。新しい応用言語学がめざしたのは，原理に基づく言語教育（principled language pedagogy）[注1] である。教授する個々の言語やそれと学習者の言語との対照などに主な関心を寄せていた応用言語学は，やがて言語や言語コミュニケーションそのものや，さらには言語の習得への関心とともに発展するようになる。そうした新しい応用言語学の発展の時代は，言語教育におけるコミュニカティブ・ランゲージ・ティーチング（Communicative Language Teaching; 以下CLT）が英国で生まれ発展した時代と重なる。そして、応用言語学とCLT双方の発展に大きく貢献したのが，WiddowsonやBrumfitなどのロンドン大学教育学研究所（Institute of Education, University of London）の応用言語学者

注1　"Principled language pedagogy" は，ロンドン大学教育学研究所でよく用いられていた用語で，Richards & Rodgers では，"principled approach to language education" という用語が採用されているが，ほぼ同義である。Richards & Rogers（2001: 10）は，Sweet, Viëtor, Passy などによって牽引された改革運動（Reform movement）を原理に基づいた言語教育の起源と見ており，同時に応用言語学的アプローチを示唆していると述べている。

である。この時代に言語教育を理論的に議論する土台が形成されたと言ってよいだろう。以降では，原理に基づく言語教育をめざす新しい応用言語学を単に応用言語学と呼ぶことにする。

　本章の目的は三つある。一つ目は，応用言語学成立の経緯をたどり，その特徴の概要を確認したうえで，言語教育の企画と実践のために応用言語学が提示した重要な視点を改めて整理することである。二つ目は，そのような視点を原理とする，応用言語学の「正嫡」とも言える「タスク主導の言語教育（Task-Based Language Teaching; 以下 TBLT）」について論じることである。そして三つ目の目的は，応用言語学が提示する重要な視点を踏まえたうえで，基礎日本語教育の企画のための独自の視点を提示することである。

2. 応用言語学の誕生と原理に基づく言語教育の確立に向けて
2.1 応用言語学

　1 で言及したように，学術誌 *Language Learning* の第 1 号が発行されてから 70 年の歳月が経つ。そして 1980 年には，アメリカ応用言語学会とイギリス応用言語学会の共同で学術誌 *Applied Linguistics* が創刊された。イギリスを中心とするヨーロッパの言語教育学と北米の言語教育学が融合した瞬間である。当初応用言語学の主な関心は言語教育だったが，現在は研究の関心領域も広がり，研究方法も洗練され（Ellis, 2016: 6; Bygate, 2016: 3），自らを応用言語学者と位置づける研究者によって自律した学術分野として発展し続けている。広く引用されている応用言語学の定義として，Brumfit（1995）の定義を見てみよう。

> the theoretical and empirical investigation of real-world problems in which language is a central issue.（Brumfit, 1995: 27）

　分かりやすく和訳すると「言語が中心的な問題となっている現実社会のさまざまな課題について，理論的および実証的に研究すること」となる。応用言語学と言うと，言語教育上の問題の解決のために言語学の知見を直截に応用する学問と見られる傾向があるが，応用言語学の黎明期においてすら，言語学の知見のみで言語教育の問題の解決を図ろうとしたわけではない。たとえば，当時

最初の科学的教授法といわれるオーディオ・リンガル法においても，構造言語学を基盤とした言語学的な知見だけでなく，行動主義心理学も援用している。また，英国における応用言語学の発展のための土台となった Corder によって書かれた応用言語学の最初の入門・概説書である *Introducing Applied Linguistics*（Corder, 1973）では，関連分野として心理言語学や社会言語学が言及されており，草創期においてすでに学際的な研究分野としての展望を持っていたことが分かる。

2.2 応用言語学と CLT

応用言語学における学際性は，当時ロンドン大学教育学研究所に所属していた Henry Widdowson や Christopher Brumfit などの英国の応用言語学者の貢献で一層顕著になる。彼らが言語教育でめざしたのは理論と実践の往還であり，応用言語学における理論と実践の相乗作用である（Widdowson, 2006）。Widdowson（1990）は，以下のような図を用いて，言語教育の企画と実践における理論の役割を説明している。

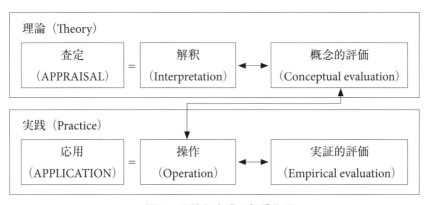

図 1　理論と実践の相乗作用

（Widdowson, 1990: 32，筆者訳）

まず，理論と実践をつなぐ矢印が一方通行ではなく双方向であること，そして理論を直截実践に応用するのではなく，査定（appraisal），そして解

釈（interpretation）された理論と具体的な実践を照らし合わせる概念的評価（conceptual evaluation）という段階を設けていることに注目したい。そして一度概念的評価を実践の現場に落とし込み（operation），実証的な評価（empirical evaluation）を実践を通して行い，そこで得た知見を取り込みながらもう一度理論を（再）構築するという考えである。さらに Widdowson は，この理論と実践を仲介する役割を言語教育実践者に求めているということもここで指摘しておきたい[注2]。

Corder の研究を契機に応用言語学が英国において隆盛を極めた時期は，言語教育において CLT が注目され始めた時期と重なる。実際，Widdowson や Brumfit などの応用言語学者が中心となって，理論と実践の往還と仲介という抽象的な概念を具体化するために CLT という言語教育実践のためのプラットフォームを作り，そのプラットフォームを土台としながら原理に基づく言語教育実践を促進したのである。

3. 応用言語学と CLT ── ポストメソッド時代の幕開け
3.1 CLT 以前 ── メソッドの時代

CLT 以前の言語教育実践は，メソッドを基本に行われていた。一つのメソッドというのは，カリキュラムとそれを具現化した教科書や教育資材と指導方法のマニュアルなどの形で具体化されて，その教授法の背景にある言語理論や学習理論ならびに指導原理や指導方法とともに教育者に供されるものであった。そして，そのような「教授法の一式」を供せられた教師は，多かれ少なかれその教授法に準拠して教育を実施した。別の言い方をすると，第二言語教育を行おうとする場合に教授法とそれに基づく教材等があらかじめ選択肢としてあって，教育計画者は教育の計画にあたってどの教授法に基づくどの「教授法の一式」を採択するかという意思決定をした。そして多くの場合，それは端的に教科書の選択となる。そのようにして教科書が採用された後は，コース・コーディネーターが教科書の内容を適宜に各授業に配分して，所定の指導方法に従って教師が授業を実施するだけとなる。

注2　言語教育実践者が理論と実践の仲介のために大きな役割と責任を果たすべきであるという考えは，Brumfit（1984）においてより顕著である。

1970年頃までの日本国内での日本語教育では，パーマーのオーラル・メソッドを日本語教育に応用したと言われる長沼の直接法が教育方法のオーソドックスとなっており，主要な教科書の大部分はその教育方法に多かれ少なかれ準じたものであった。ゆえに，どの教科書を採用したとしても実際には，「正式な教師教育」を受けた教師が授業を行う場合は長沼式の直接法による指導を中心とした学習指導が行われていた。

　このようにCLTの出現までは，教育計画とは特定の教授法とそれを具体化した教科書の選定であり，専門職としての教師とは特定の教授法に基づく学習指導ができる人，あるいは複数の教授法にわたってそれができる人のことであった。また，教師教育や教師研修というのは特定の教授法およびそれに関連する知識と技術の習得とほぼ同義であった。

3.2 SLTからCLTへ

　CLT以前に英国で主に実践されていたメソッドは，パーマーによって開発されたオーラルメソッドをベースとする場面教授法（situational language teaching; 以下SLT）であった。一方，米国における言語教育の主なメソッドは，オーディオ・リンガル法である。これら二つのメソッドは教授法の専門書の中でもしばしば区別せずに論じられる傾向があるが，言語学習観に大きな違いがある。オーディオ・リンガル法は広く知られているように行動主義心理学を基盤としている一方，SLTは学習者の頭の中で起こる認知的なプロセスに重要な関心を置いていた[注3]。したがってオーディオ・リンガル法からCLTへの移行はパラダイムシフトであると言えるが，SLTが徐々に進化した形であるCLTは，SLTの自然な後継モデルであると言える（Howatt, 1984）。そのような事情もあり，実際の実践においてはしばらくの間はSLTとコミュニカティブな活動は併用され，この傾向は90年代後半まで続く。これが一般的にPPP（presentation-practice-production）モデルとして知られるものである。最初か

注3　Krashenの習得‐学習仮説（the acquisition-learning hypothesis）は，Palmerのspontaneous language capacitiesとstudial language capacitiesの区別から引用していると言われる（Howatt, 1984）。KrashenのSLA研究における仮説（特に習得・学習仮説）が世界的に注目を集めるようになると，当時の英国の応用言語学者は，Krashenの理論をパーマーの再来（Palmer revisited）と呼んでいた。

ら二つ目のPまではSLTの手順を踏み，最後のPでコミュニカティブな活動が導入されるというモデルである (Anderson, 2016: 219)[注4]。最後のPの段階で導入されるコミュニカティブな活動は，現在でもしばしば採用される言語ゲーム，ロールプレイ，歌，ドラマ化，ディスカッションなどである。

しかしCLTはこのような学習言語活動の表面的な変更にとどまるものではなく，当時のヨーロッパにおける教育の民主化の影響を受けながら，新たな言語観と言語学習観を土台として発展した言語教育アプローチである。

3.3 CLTの教育観と言語観と言語習得観の概要

まずCLTの教育観については，青木（1991）によると，CLTはイリイチやフレイレの教育観やロジャーズの学習者中心主義，さらにはポッパーの社会哲学などを背景としたヨーロッパにおける教育の民主化の文脈に位置づけることができる。それ以前の教授法は，いずれも教師主導で学習者を所定の知識や技能を与えるべき対象，あるいはそれらを注入する「器」のように見ていることを考えると，青木の指摘は実に当を得ており注目するべきであろう。さらに言うと，青木は学習者の立場における教育の民主化を指摘したが，CLTはそれと同時に教師の立場における教育の民主化，あるいは自由化を推進したと言ってよい。つまり，教師はどのような試みもコミュニカティブを標榜しさえすれば，自身の責任において自由に教育の企画と実践を行うことができるようになったのである。

CLTの言語観や言語習得観については，ここでは，CLTが普及し新たな第二言語教育の「標準」となった1986年頃にRichards & Rodgersがまとめたものを参照することとする[注5]。

CLTの言語観
（1）言語は意味を表現するためのシステムである。

[注4] 日本の英語教育や日本語教育において，PPPという用語を使用して言語教育のアプローチを説明することがあるが，最初の2つのPの段階がSLTの手順を踏んでいないものは，厳密な意味で，PPPであるということはできない。

[注5] 1986年の初版と2001年の第2版の間で当該部分の論述に変わりはない。

(2) 言語の第一の役割は，相互行為と意思疎通に奉仕することである。
(3) 言語の構造は，言語の機能的な行使と意思疎通としての行使が反映している。
(4) 言語の基本的な単位は，文法事項や文型という形で設定することもできるが，ディスコースとして示される機能的な意味や伝達的な意味のカテゴリーで設定することもできる。

CLT の言語学習観
(1) コミュニケーション原理
本当のコミュニケーションを伴う活動により言語学習は促進される。
(2) タスク原理
言語が意味のある課題を遂行するために使われる活動により，言語学習は促進される。
(3) 有意味の原理
学習者が意味が分かっている言語は，言語学習を支える。

(Richards & Rodgers, 2001: 161-162，筆者訳)

　Richards & Rodgers も言うように，CLT とはこのような言語観と言語学習観を基礎とした第二言語教育の企画と計画と実践の総体である。

4. 応用言語学が提示する重要な視点
4.1 CLT の革新の核 ― 綜合的アプローチから分析的アプローチへ

　CLT の出発点は，Wilkins の *Notional Syllabus*（Wilkins, 1976）である。ヨーロッパ評議会の第二言語教育改革の委員会に提出されたワーキングペーパーや学会資料などをまとめた同書は，ヨーロッパにおける第二言語教育の革新を方向づける画期的な論考となり，その後の CLT 発展の礎となった。新たなコースデザインの原理について論じた同論考が示した方向は，文法事項を一つずつ習得していくという従来のプログラムに代わって，学習者が実際に表現し実行する概念（notion）に基づいてプログラムを開発しなければならないというものである。Wilkins は，同論考を，第二言語教育における綜合的アプローチ

（synthetic approach）と分析的アプローチ（analytic approach）の議論から始めている。

> 綜合的教育方略とは，さまざまな言語事項を一つずつ段階的に教えていくという方式である。この方略では，言語習得は，目標言語のすべての構造を築き上げられるまで言語事項を徐々に積み上げていく行程となる。この方略でシラバスを計画するときは，言語の総体が文法構造のリストと限定された語彙リストに分解される。そして，それらは次項で論じるような規準で配列される。その結果，どの段階でも学習者が接するのは，意図的に限定された言語の標本となる。一つの単元で学ぶ言語は，先行の諸単元で学んだ言語に追加されるという形になる。学習者がするべきことは，学習しやすいように多くの単位に分解された言語をもう一度綜合して元に戻すこととなる。そして，コースの最終段階になって初めて，豊富な構造を持った言語の総体が再現されるのである。　　（Wilkins, 1976: 2，筆者訳）

日本語教育の文型・文法積み上げ方式は，まさに綜合的アプローチの典型例である。一方，それとの対比で提示された分析的アプローチは以下のようなものである。

> 分析的アプローチでは，綜合的方略の場合のように学習環境として慎重に言語をコントロールしようとはしない。言語の諸要素は，漸進的に積み上げられる組み立てブロックのようには見られない。むしろ，学習の当初からずっと多種多様な言語構造を取り入れることが認められている。そして，学習者がするべきことは，自身の言語行為の仕方を全体として次第に目標言語のそれに近づけていくことである。構造上雑多な文脈からでも重要な言語形式を抽出することはできるし，そのようにして学習を言語構造の重要な側面に焦点化することができる。そのような過程を分析的と呼んでいるわけである。　　（Wilkins, 1976: 2，筆者訳）

綜合的アプローチと対比しながら分析的アプローチの主張の要点を整理する

と以下のようになる。

(1) 言語構造を組み立てブロックに見立て，それらを一つずつ積み上げていく行程が言語の習得であるとは考えない。
(2) 「一度に一構造」とはしないで，最初から多様な構造を盛り込む。
(3) 学習者の仕事は，言語事項を一つずつ正確に習得して積み上げていくことではなく，多様な言語構造を含む学習環境の中で自身の言葉の使い方を全体として適正なものに近づけていくことである。
(4) 多様な言語構造が混在する学習環境の中でも重要な言語構造を抽出することはできるし，学習を言語構造の重要な側面に焦点化することができる。

そして忘れてはならないのは，分析的アプローチに基づくコースでは，学習者の分析能力を信頼してそれに依拠することである（Wilkins, 1976: 14）。

こうした議論が同書の冒頭にあることから推察できるように，Wilkins にとって重大な関心は，第二言語教育を言語事項の積み上げの桎梏から解放して，学習者の有能さを活かした能動的で主体的な学習へと移行させることであった。

4.2 コミュニカティブ・コンピテンスとコミュニケーション技量

次に取り上げるのは，言語コミュニケーション能力についての見方である。言語コミュニケーション能力の見方に関しては，Widdowson のコミュニカティブ・コンピテンス（communicative competence）とコミュニケーション技量（communicative capacity）についての議論が重要である。

Widdowson は，それ以前から言われているコンピテンスと技量を区別することを提案している（Widdowson, 1983; 1984）。コンピテンスは，周知のようにもともとはチョムスキーの用語で，母語話者が有する文に関する知識で，正しい文を産出したり受容したりする場合に使われる生成的な装置である。そうしたコンピテンスの概念が，現在は言語を適切に行使することに関連する社会言語的知識なども含めて拡張されてコミュニカティブ・コンピテンス（Canale

& Swain, 1980; Canale, 1983）として措定されている。しかし Widdowson によると，いずれの場合でも，コンピテンスというのは言語行為についての既存の規則に従うということに関心が置かれ，その見方では，言語を行使することはある種類の知識を有していることを単に例示するだけだということになってしまう。つまりコンピテンスという概念では，言語が本来持っている潜在力を活用して，変化に対応して自己調整しながら意味を創造する能力を説明することができそうにないのである。Widdowson の言うコミュニケーション技量とは，まさにそのような意味を創造する能力に言及した概念である。コンピテンスと言うと，まるで人間が言語的あるいは社会言語的な何かに単に反応するかのように，行為は規則によって規定されるというような印象になる。それに対して，コミュニケーション技量という見方には，人間は自身の運命を自分で開拓することができて，規則というものを自身の目的のために自在に活用できるという見方が含まれている（Widdowson, 1983: 8）。母語話者の知識と行動の規範を参照するコミュニカティブ・コンピテンスとは異なるコミュニケーション技量という概念を措定し，言語教育における現実的な目標を提示しただけでなく，学習者が使用する言語の創造性を確保したことも Widdowson の重要な貢献である。

4.3 目標とねらい

コンピテンスと技量の区別と関連して，教育企画における重要な視点として Widdowson が論じているのは，目標（objective）とねらい（aim）の使い分けである（Widdowson, 1983: 6-7）。目標とは，特定の教育課程の教育的意図のことで，そのコース期間中に達成されるもので，基本的にコース終了時に特定の方法で評価される。それに対し，ねらいは，コース終了後を見越してコースでの学習に対応して設定される目的である。たとえば，あるコースは，語彙と文法構造，あるいは概念や機能の形で目標を設定することがあるかもしれない。しかし，そのコースのねらいは，そうした事項を習得することそのものではなく，そうした事項の知識を有効なコミュニケーションをするために活用できる能力を養成することとなる。Widdowson は言う。

教育における中心的な課題は，ねらいの達成に向けて学習者を仕向けられるように目標をどのように規定すればよいかを知ること，つまりコースの枠を超えてそのコースの関連性が見出せるようにコースをどのように仕立てることができるかを知ることである。学習者がモチベーションを減退させる理由は，目標の前提となるねらいを受け入れないか，あるいは，目標を達成してもねらいに至らないと考えて目標を受け入れないか，のどちらかであろう。学習者がねらいを受け入れない場合は，そもそもの教育のあり方を考え直さなければならない。そして，学習者が目標を受け入れない場合は，広い意味での教育方法を見直さなければならない。

（Widdowson, 1983: 7，筆者訳）

　つまりは，教育を適正かつ有効に行うためには，妥当なねらいを定め，それにしっかりと関連した目標を設定して，教育の企画と計画を行わなければならないということである。

4.4 真正性から学習者のコミュニティの育成へ

　応用言語学において，教材の真正性（authenticity）やタスクの真正性は重要な議論のテーマとなっている。日本語教育では，この真正性の概念に関連しては，単に「できるだけ生の教材を使用する」ということだけが強調されている観がある。応用言語学でしばしば引き合いに出される Breen（1985）では，インプットのリソースとして使用されるテクストの真正性，そうしたテクストについての学習者の解釈の真正性，言語学習と関連したタスクの真正性，教室という実際の社会的状況の真正性，という四つの観点を設定して真正性について慎重な議論が展開されている。ここでは，真正性についての議論そのものをたどるよりもむしろその議論が結果として向かった方向を指摘することにしたい。

　Widdowson（1979）は，活動（プロセス）についてのみ真性と言うべきで，テクスト（産物）については純正な（genuine）ものと言い分けたほうが適当であると提案した。また，Widdowson（1998）は，真性の言語を教室で使用することにむしろ反対して次のように指摘している。

通常の実用的な目的のために言語が実践的に機能している場合に言語が真性だとか本物だと言えるのは，それが特定のディスコース・コミュニティの中の特定の場所に位置づけられているからである．聞き手は内部者であってこそ，それを真性のディスコースとして受け取ることができるのである．しかし，学習者は定義上外部者であり，目標言語使用者のコミュニティのメンバーではない．ゆえに，ネイティブ・スピーカーにとっての真性の言語は学習者にとっての真性の言語にはなり得ない．
〔Widdowson, 1998: 711，筆者訳〕

　また，上に挙げたBreen（1985）も最終的な結論として，四つの観点の最後である教室という実際の社会的状況の真正性を最も強調して以下のように論じている．

　教師も学習者も教室としての教室という潜在的な真正性にどっぷりと浸される．ゆえに，ここでは，言語の教室の真性の役割は，教室の参加者たちが言語学習上の問題や学習の成果や共に言語を学習するプロセスの全体を共同的に動機づけられ共同的に維持される活動として公然と共有できるように条件を整備することであると，提案する．…教室というものの潜在力が十分に開拓されれば，言語教育におけるそれ以外の真正性の問題はすべて解消するであろう．
〔Breen, 1985: 68，筆者訳〕

　真正性の議論から発展したこのような方向性は6.3で論じる，学習者のコミュニティの育成の議論へとつながる．

5. CLTの発展形としてのTBLT
5.1 CLTからTBLTへ——歴史的背景

　CLTは応用言語学からの理論的な知見，および新たな言語教育観と言語観をもとに企画された新たな言語教育実践であった．特に第4節で論じたように，CLTのムーブメントには現代の言語教育にとって見逃すことができない重要な視点が含まれており，その多くが今日の言語教育実践において明示的

に，あるいは暗示的に引き継がれている。しかし，CLTのムーブメントを牽引したのが主に英国の大学を拠点とする応用言語学者で，その重要な著書の多くが理論的な論考であったため，具体的な実践として捉えることが難しかった。

Richards & Rodgers（2001: 164）は，Yalden（1987）を参考にさまざまなCLTの実践を以下のように八つのタイプに分類している[注6]。

(1) 構造＋機能型
(2) 構造を核としながら機能を螺旋的にとりまく型
(3) 構造的，機能的，道具的
(4) 機能的
(5) 概念的
(6) 相互作用的
(7) タスク主導型
(8) 学習者主導型　　　　　　　（Richards & Rodgers, 2001: 164，筆者訳）

上に提示されたように，CLTにはさまざまなモデルが認められる中，英国の英語教育で最も標準的であり，最も伝統的であると言えるアプローチが3.2ですでに言及したPPPというモデルである[注7]。そして，SLA研究の発展とともに注目を集めるようになったアプローチがタスク主導型といわれるTBLTである。

TBLTは当初，Prabhu（1987）のような例外はあるが，主にSLA研究者からの試案にすぎず，Ellis（2009）ではLong（1985），Skehan（1998），そして彼自身（Ellis, 2003）のモデルを詳しく比較・分類しているが，これらはあくまで研究者による理論的な構想だったと言える。そしてその理論的な構想が，

注6　それぞれの詳しい記述については，Yalden（1987）の第6章を参照のこと。
注7　PPPというモデルは，当時英国における英語教師の事前教育の資格を認証していたRoyal Society of Art（RSA）にちなんで，The RSA Wayともいわれていた。英語教師の養成講座（pre-service training）が採用していたアプローチと結びつき，長期にわたって採用されたという背景がある。

実践の形を得て広く普及されるまでにはさらに時間を要している。そのような中で，Jane Willis による実践書 *A Framework for Task-based learning*（Willis, 1996）の出版は，言語教育実践者にもアクセス可能な TBLT の一つのモデルを提示することで，TBLT の理解と普及を一気に促し，その後の言語教育に大きく貢献した[注8]。

　TBLT は 3.3 で提示された CLT の言語教育観と言語観を引き継いでおり，TBLT が CLT の一つのバージョンであると考える研究者（Ellis, 2003; Dörnyei, 2009; Samuda & Bygate, 2008），または言語教育実践者（Willis, 1996; Willis & Willis, 2007）は少なくない。Bygate（2015）が述べているように，TBLT は CLT を支えた一般教育学だけでなく，SLA 研究を DNA として受け継いでいる。そして，それらの理論とそこから引き出される指導原理に裏付けられた言語教育アプローチの一つであり，現代において最も注目されている言語教育アプローチであると言える[注9]。

5.2 原理に基づいた言語教育実践としての TBLT と今後の方向性

　筆者（百濟）は長い間 TBLT を英国の高等教育機関における日本研究プログラムにおいて実践してきた。TBLT 実践者の一人として，TBLT という言語教育実践を通して，少なくとも次の 3 点を言語教育の目的として定め，追及していくことができると考える。

(1) タスクによってコミュニケーション環境・対話空間を構築し，言語コミュニケーションを通して，物事の見方，考え方を深める。
(2) そのような経験を通して，漸進的に言語の発達を促す。
(3) 言語学習の仕方も同時に学び，教室というコミュニティでの言語使用と学習の経験を土台にして教室の外でのコミュニティにおいても自ら言語学習を進める。

注8　筆者（百濟）の観察では，1990 年代後半の英国での英語教師養成の現場では，指導の型として PPP と Jane Willis の TBLT のモデルが併用されていた。

注9　TBLT という教育実践の企画のために導かれる一般教育学からの原理については Samuda & Bygate（2008），SLA 研究からの原理については Ellis（2005）をそれぞれ参照のこと。

TBLT はメソッドではないので，上記の目的を追求するためのさまざまなアプローチの存在が認められるはずであるが，CLIL（Content and Language Integrated Learning）や CBI（Content-Based Instruction）ような類似した言語教育アプローチを表す用語もあり，そうした言語教育アプローチとの関連が分明でないというのも事実である。TBLT の立場からこれらの用語の整理を試みるとすれば，TBLT は，タスクが作り出す対話空間の中で内容と言語の学習を統合しようとする試みであり，CLIL の一形態と見なしてよいということになる。一方で，CBI がめざしている内容主導の言語教育を行うために TBLT の手法を用いることは可能なはずである[注10]。

　TBLT は CLT の時代に応用言語学によって提案された原理に基づいた言語教育実践の具体的なアプローチであり，理論と実践と研究の結合点（Adams, 2009: 340）としての役割が期待されている。また Ellis（2003）は，言語教育実践者と研究者がともに共有できる関心があれば実践と理論の関係がより強化されるはずであり，その関心の対象となるのがタスクであると述べている。

　しかし上に示された提案は，言語教育における TBLT に対する期待の高さを示すものであるが，教育実践に従事する側として，このような提案が SLA 研究者によって出されたときは特に注意が必要である。Dornyei（2009）は，SLA 研究者がタスクに注目した背景として，言語習得・学習という複雑で長期にわたるプロセスを観察可能な単位に分割することができるということを挙げているが，ここでのタスクへの関心は SLA 研究の目的のためであることに注意する必要がある。したがってそのような SLA 研究の成果が言語教育実践にどのように貢献できるかについては，SLA 研究者も言語教育実践者も慎重に判断するべきであろう。そしてこのような状況において，SLA 研究を専門領域としながら，言語教育にも関心を寄せ，SLA 研究からこの言語教育実践領域のための原理を引き出すことができる応用言語学者の役割は，ひじょうに重要である。

　TBLT は現代の言語教育実践の中で唯一のアプローチではないが，原理に基

注10　Van Lier（1996: 205-206）は，「タスクと内容は，統合された一つのまとまりとして見られるべきである（task and content should be seen as a unity）」と述べている。そして Samuda & Bygate（2008）が述べているように，言語がない内容はあり得ず，内容がない言語もあり得ない。

づいた言語教育実践というスタンスに最も親和性のあるアプローチで、関連領域からの知見を取り込みながら一層の理論と実践の往還を通して言語教育実践が深まりを見せることが期待されている[注11]。

最後に本節のまとめとして、Bygate（2016）を援用してTBLT言語教育実践研究の方向性を提示したい。まず、どうしてそのトピック（内容）が選ばれる必要があるのか、そしてそのトピックを題材として、いかに学習者にとって関連性があり、興味を引き付けることができるタスクを考案できるかというのが大切で、この課題は実践を通して引き続き追及されるべきである。そしてさらに、考案されたタスクが一つの授業やプログラム全体の中でどのような役割を果たしているのか、期待されたコミュニケーション環境・対話空間を作り上げることができたのか、適切な言語的補助を提供できていたのかについて探究することも求められている[注12]。そして、このような実践上重要となる研究課題について議論するための実践者同士による探究的なディスコース実践を早急に確立しなければならないだろう。このことは、第7節においてより大きな枠組みとしての原理に基づいた言語教育実践の研究の方向性と学術分野として確立するための試案を提示する中で、再度議論することにする。

6. ポスト・メソッド時代の日本語教育のために
6.1 カテゴリー4の言語としての日本語

応用言語学からの提案やCLTの原理や方法を参考にするにあたり日本語教育者がまず留意しなければならないのは、それがヨーロッパにおける第二言語教育の文脈で論じられているという点である。言うまでもなく、新たな言語を習得することの困難は学習者の母語の種類によって異なる。米国国務省語学研修所が発表した、英語母語話者にとっての学習困難度の分類は北米の言語教育者にはよく知られているところである。それによると、フランス語、イタリア

注11　このことの裏付けとして、2005年より2年ごとにTBLTに特化した国際会議が開かれ、2015年にはTBLTのための国際学会が結成されている。

注12　最初の2点は、Bygate（2016: 7-10）によって提示された課題である。SLA研究の道具としてのタスクではなく、応用言語学の観点から、言語教育実践のためにどんな研究がなされるべきかについて詳しく議論している。

語，スペイン語，オランダ語，スウェーデン語，ノルウェー語などが最もやさしいカテゴリー1に分類され，24週間の集中研修で専門職レベルのオーラル・コミュニケーション能力が習得できる。これに対し，最も難しいカテゴリー4に分類される日本語，中国語，韓国語，アラビア語はその3倍以上の80～92週間の研修が必要となっている（Ommagio, 1986）。ヨーロッパにおけるヨーロッパ言語相互の教育についての革新の提案であるCLTについての議論は，基本的にカテゴリー1に属する言語の習得と教育に関して行われていると見てよい。

　ヨーロッパ諸語を母語とする学習者を含むいわゆる非漢字系の学習者には，日本語はほとんどの場合カテゴリー4の言語となるものと予想される。そのような日本語の教育と，CLT発展のコンテクストであるヨーロッパ語話者によるヨーロッパ語の習得と教育を同列に扱うことはできないだろう（西口, 2017）。また，こうした学習困難度の視点は，非漢字系学習者に対する日本語教育と漢字系学習者に対する日本語教育が同列に扱えないことを強く示唆している。

6.2　分析的アプローチと基礎日本語教育

　4.1で論じた分析的アプローチの考え方はCLTの根幹をなすものである。分析的アプローチが示す，「学習者と教師を文法学習の桎梏から解放して，さまざまな表現を含む実際の言語活動の実例をリソースとして学習者の分析能力に依拠して具体的な学習経験を編成する」という発想はきわめて重要である。その発想には，学習者が教師に従属するのではなく，本来有能な学習者がその有能さを発揮して自助の精神に基づいて自身の言語学習に積極的に従事するという，後の自律的学習へとつながる言語の習得と教育の本質に関わる重要な視点が含まれている。しかし，これを日本語教育に適用することを考えた場合には二つの面で難しさが生じるだろう。

　まず第一は，上の言語の学習困難度に関わることである。漢字系学習者を除く大部分の学習者にとって，日本語はカテゴリー4の異言語である。そのようなケースで，Wilkinsの言うようにさまざまな構造が混在するテクストが与えられると，それは理解するためにまったく手がかりのない対象となる。そのよ

うな状況で学習者ができることは，その対象を辞書や文法書などに依拠して解読することしかない。解読というのは Wilkins が「学習者の分析能力に依拠して」と言っている学習方法ではない。Wilkins の言う学習者の分析能力に依拠した学習方法は，さまざまな表現が提示されてもその中に理解のためのさまざまな手がかりを見つけることができて，それらの手がかりを組み合わせて意識的あるいは半意識的に推論することによって，そこで何が起こっているかを分析的に知ることができるような状況でこそ可能である。それは前項で論じたようなカテゴリー1の第二言語学習の状況でこそ可能なのである。基礎（初級）段階の日本語教育が CLT を拒んで，引き続き文型・文法積み上げ方式を柱としたアプローチを選んでいる一つの大きな理由は，漢字系を除く学習者には日本語はカテゴリー4の言語であり，Wilkins の言うような分析的な学習が不可能なことがすぐに見えるからであろう。

　もう一つは，教師の問題である。ノーショナル・ファンクショナル（概念－機能的）なアプローチに基づいてシラバスや教材を作成してそれを実際の教育現場に供すると，依然として言語構造中心の考え方を持つ教師の手にかかると実際の教育実践は，単に新たな種類の言語構造の指導となる。そして実際にそのようなことが特殊目的のための言語教育で起こっていることがひじょうに早い時期にすでに指摘されている（Widdowson, 1983; 1984）。端的に言うと，ノーショナル・ファンクショナル（概念－機能的）なアプローチに基づく教育実践を創造するためには，その教育を担い得る，分析的アプローチの視点を持った教師が必要である。

6.3　忘れられた領域としての社交的コミュニケーション

　Wilkins の議論の一つの大きな課題は，言語のコミュニケーション的側面として実用的な機能的言語活動にばかり注目していることである。それは，実際の言語行動にほとんど結びつかないそれまでの文法シラバスへの強い拒絶感や，当時注目されていた Searle や Austin らの言語行為論や Halliday の機能文法の影響に基づくものと見られる。その結果として，Wilkins の議論は「構造（文法）的アプローチか，実用的な機能的コミュニケーションか」という二者択一になってしまっている。

しかし，言語コミュニケーションを考えた場合に，Wilkinsが注目する実用的な機能的コミュニケーションのほかに，さまざまなことについて話すというコミュニケーションの領域が厳然としてある。基礎的なものに注目して言うと，自分のことや身近な人のことや身近な出来事や事柄について話すというコミュニケーションがある。Wilkinsがもっぱら注目するものを実用的コミュニケーションと呼ぶならば，ここで指摘したいのは社交的コミュニケーションである。Wilkinsの論考では，そうしたコミュニケーションの領域については学習語彙との関係で同書のほぼ最後の部分でわずかに言及されるにとどまっている。そして，実用的コミュニケーションへの偏重あるいは「構造的アプローチか，実用的コミュニケーションか」という二者択一はCLTの発展を通じて続いた。

しかし，「構造的アプローチか，実用的コミュニケーションか」という二者択一の問題に関しては比較的最近になってようやく状況が変化してきた。ヨーロッパ評議会が2001年に刊行したCEFR（Common European Framework of Reference for Languages）では，社交的コミュニケーションはコミュニケーションの重要な領域として明確に記述されているのである（西口, 2015; 2017）。またHallがリーダーとなって推進した米国におけるK-12プロジェクトにおいても，社交的コミュニケーションは，個人間モードの中で，上述の実用的コミュニケーションに対応する交渉を目的とするコミュニケーションと並行して，個人間の関係を構築し維持することを目的とする相互行為的コミュニケーションとして，以下のように明確に位置づけられている（Hall, 2001）。

> 相互行為そのものが主要な目的となっている言語活動は，個人間の関係を構築したり維持したりするのがその趣旨である。新しいお隣さんやクラスメートや職場の人と会ったときなど新たに親交を結ぶことが目的の活動がこれに含まれる。また，食事中の会話やうわさ話やおしゃべりやたむろすることや短いメッセージを送ることなど，家族の絆や友情やその他の社会的関係を培うことに資する活動も含まれる。このような活動はいずれもひじょうにありふれているわけだが，安定した社会生活を良好に維持するためにきわめて重要なものである。　　　　　（Hall, 2001: 137，筆者訳）

教育内容として実用的コミュニケーションを扱うと，一つのまとまった言語活動の中で多様な構造が現れ，また各々の構造もしばしば複雑なものになる。先に論じたようにカテゴリー4の言語である日本語ではそのような状況になると，Wilkins の言う分析的学習が不可能になり，解読するしかなくなる。しかし，社交的コミュニケーションを教育内容として扱うなら，比較的単純で平易な構造のみで一定の言語活動を運営することができる。つまり，コミュニケーションを扱いながらも言語構造に関する考慮やコントロールがしやすいのである。基礎段階に限定したこのような教育内容をここでは自己表現活動と呼ぶことにする。日本語のようなカテゴリー4の言語の教育の企画においては，言語構造の学習との折り合いという観点から，コミュニケーション活動の中でもこうした領域を教育内容の柱とするのが適切であると判断される。

　そしてまた，教育内容をそのように設定することにより，Widdowson の言うように教室での言語活動を「特定のディスコース・コミュニティの中の特定の場所に位置づけ」ることができて，その言語活動が学習者間の社交を実際に促進することで，教室で行われる言語活動が半真正のコミュニケーションになる。そして，そのことは Brown や Hall の言う学習者のコミュニティの育成に直截につながることとなる（Brown, 1997; Hall, 2001）。

6.4　自己表現活動中心の基礎日本語教育

　以上のような検討と判断の下に策定された新たな基礎日本語教育の企画の一例が自己表現活動中心の基礎日本語教育である。同企画では，各ユニットで自己表現活動に関する特定のテーマが取り上げられ，言葉遣いの専有（バフチン，1996）とテクスト相互連関性（クリステヴァ，1983）を原理として，必要な文型・文法が埋め込まれたマスターテクストを基盤とした学習により，所期の基礎日本語技量の習得を達成することがもくろまれている（西口, 2013; 2015）。そして，その教育を支える学習と教授のためのリソースとして『NEJ：テーマで学ぶ基礎日本語』（西口, 2012a; 2012b）がある。

　Marton（1988）は，第二言語の教育方略を，受容中心の方略（receptive strategy），コミュニカティブな方略（communicative strategy），再構成的方略（reconstructive strategy），折衷的方略（eclectic strategy）の四つにまとめ，そ

れぞれの教育方略がどのような学習レベルで，どのようなタイプの学習者に適合するかなども含めてクリティカルな議論をしている。受容中心の方略とは，Krashen のナチュラル・アプローチを代表とするコンプリヘンション系のアプローチである。そして，折衷的方略とは先行の三つの方略のミックスである。Marton は，これら四つの方略の中で再構成的方略が最も優れたものだと評価している。再構成的方略とは以下のようなものである。

> 再構成的方略は，再構成的活動に長期間にわたって参加することを通して，よくコントロールされた形で漸進的に目標言語の能力を養成するという独特な学習方略を指定する方略である。再構成的アプローチは，口頭言語であれ書記言語であれ，常に目標言語のテクストを基礎とする。このソース・テクストが，教師が学習者に課す産出タスクを首尾よくかつ正確に遂行するために必要な言語的な手段，つまり統語構造や語彙や句や慣用表現などを，学習者に提供するのである。そもそもタスク自体がソース・テクストと関連したものでなければならない。だから，タスクはソース・テクストを語り直したり，要約したり，違う立場から言い直したり，ソース・テクストを学習者の個人的な状況や経験に準じて編集したりすることとなるだろう。 （Marton, 1988: 57，筆者訳）

自己表現活動中心の基礎日本語教育で採用している方略は，まさにこの方略に該当する。言語的に距離のある第二言語を分析的アプローチの精神を活かして学習するには，この再構成的方略が最も有効であると判断された（西口，2010）。

7．おわりに──日本語教育学の確立に向けて

本章ではまず，応用言語学の貢献として原理に基づいた言語教育実践の枠組みを提示し，その枠組みから CLT を再評価し CLT の重要な視点を明らかにした。そしてさらに，CLT からその発展形としての TBLT へ興味関心が移行したその歴史的な背景を押さえ，今後の TBLT 言語教育実践の方向性を示した。そして前節では，自己表現活動中心の基礎日本語教育にどのように応用言語学か

らの視点とそこから導き出される原理が解釈し織り込まれ，その実践の企画に反映されているのかについて示した。この最終節では，本章の結びとして，原理に基づく言語教育実践の視点から日本語教育学の確立に向けた一つの試案を提示したい。

　再度第2節の図1（p. 31）を参照してほしい。まず，言語教育の関連学術領域から理論を査定して原理を導く段階があり，この過程において応用言語学者が果たす重要な役割がある。言語教育に関連する学術領域[注13]を専門とし，さらに言語教育実践にも関心を寄せる応用言語学者は，自らの専門学術領域の中から言語教育のための原理を導き，言語教育実践者との対話を試みなければならない。また，言語教育実践者自らも，言語教育関連領域に関する幅広い知識を身につけ，応用言語学者と対等に対話できる知識と経験が必要である。もしそのような対話を通して，言語教育実践を豊かにする可能性を含む原理を見い出すことができたとすれば，それが日本語教育学への貢献となる。次に，さまざまな原理を総合して言語教育の企画をする概念的評価の段階があるが，言語教育関連領域から新たな原理を取り込みながら，新たな言語教育の企画を創造することができれば，これもまた日本語教育学への貢献と言える。この段階は，Stenhouse（1975）が暫定的な意思決定（provisional specification）と呼ぶ段階である。もし現在まだこの新たな言語教育の企画について言語教育実践者同士がクリティカルに対話できる空間が確立されていないのであれば，言語教育実践が深まることはないだろう[注14]。最後に，この暫定的な意思決定の結果と

注13　基本的には（言語）教育観，言語（コミュニケーション）観，そして言語学習観の土台となる原理が引き出すことができる関連学術領域となる。Hall（2002: 8）は，言語学を直截応用する立場である Linguistics Applied（言語応用学）の限界を指摘しながら，言語教育学の関連学術領域としてコミュニケーション学，文化心理学，言語文化人類学，言語哲学，そして社会理論などを挙げている。言語教育学は言語の使用とその学習に関する課題をシステマティックに探究する学問である。IT技術の発達に伴う社会の変化とそれに伴う言語使用の変化に対応しながら，これまで言語や（言語）学習について常識とされてきたことについて常に疑うことを忘れず，（言語）学習者を新たな目線で捉えながら言語教育の企画を立てそれを更新していくことが，これからの言語教育学に従事する者にとっては欠かせないはずである。それに伴って当然のことではあるが，これまでの教師教育や教師研修を考え直す必要があるだろう。Linguistics Applied（言語応用学）の限界について詳しくは Widdowson（2000）を参照のこと。

注14　しかし言語教育という実践が実践者によって企画されるのではなく，教科書にある文法・文型

しての言語教育実践の企画は，実践の場に落とし込み，実証的に検証しなければならない。その結果として，言語教育実践の企画そのものに修正を加える必要が出てくるかもしれないし，場合によっては新たな言語教育実践の企画の土台となった原理がより精緻化され，さらに理論が再構築される可能性もある。ここに日本語教育学へのもう一つの貢献があると言える。

　Widdowson（1990）の提案を基に日本語教育学への貢献に向けた三つの可能性を示してきた。明らかなことは，日本語教育学の確立のためには言語教育実践に従事する者に相当な学際的コミットメントが求められているということである[注15]。

　最後に，理論と実践の往還を通して日本語教育学の発展にも寄与できる日本語教育実践者を育てるためには，どのような教師教育が望まれるのだろうか。紙幅に限りがありこの議論はまた別の機会に譲らなければならないが，一つここで言えることは，教師教育の最初の段階からPrabhu（1990）のいう，それぞれの局面で最も妥当と思われることを適切に判断して実行する感覚（a sense of plausibility）を養うことが大切であるということである。しかし，このような感覚を教師一人で身につけていくことはできない。それゆえにすでに述べてきたように，まず言語教育実践者間での専門的なディスコース実践，そして次に応用言語学者とのディスコース実践が確立されることが日本語教育学の最重要課題であると見られる。

などのような学習指導項目をどのように教えるかとか，指導要領などのスタンダードに書かれていることをどのように実現するかということが現在の教育実践の主流だとしたら，まずこの段階を克服しなければ言語教育実践者から企画が生まれることはなく，当然対話空間が生まれたり，それが必要とされる土壌もまだないと言える。

注15　応用言語学者として言語教育に貢献してきたBrumfitやWiddowsonがめざしてきたのは，言語学の下請けと見なされていた言語教育の言語学からの独立だけでなく，教育実践者の地位を上げることであり，研究者と対等に言語教育という現実上の課題に取り組むことができる人材の育成だった。彼らがプログラムデザインをしたロンドン大学教育学研究所のMA in TESOLは，そのような役割と責任を担うことができる教育実践者の育成の場であった。

参考文献

青木直子（1991）.「コミュニカティブ・アプローチの教育観」『日本語教育』73, 12-22.

百済正和（2012）.「第2部 文法と習得 総論」畑佐一味・畑佐由紀子・百済正和・清水崇文（編）『第二言語習得研究と言語教育』（pp. 70-83.） くろしお出版.

クリステヴァ, J.（1983）.「言葉, 対話, 小説」『記号の解体学――セメイオチケ1』（原田邦夫（訳））（pp. 57-103.） せりか書房.

西口光一（2010）.「自己表現活動中心の基礎日本語教育――カリキュラム, 教材, 授業」『多文化社会と留学生交流』14, 7-20.

西口光一（2012a）.『NEJ テーマで学ぶ基礎日本語』vol. 1, vol. 2, くろしお出版.

西口光一（2012b）.『NEJ テーマで学ぶ基礎日本語 指導参考書』くろしお出版.

西口光一（2013）.『第二言語教育におけるバフチン的視点――第二言語教育学の基盤として』くろしお出版.

西口光一（2017）.「コミュニカティブ・アプローチの超克――基礎日本語教育のカリキュラムと教材開発の指針を求めて」『リテラシーズ』20, 12-23.

バフチン, M.（1996）.『小説の言葉』（伊東一郎（訳））平凡社.

Adams, R (2009). Recent publications on task-based language teaching: A review. *International Journal of Applied Linguistics*, *19*(3), 339-355.

Anderson, J. (2016). A potted history of PPP with the help of ELT Journal. *ELT Journal*, *71*(2), 218-227.

Breen, M. (1985). Authenticity in the language classroom. *Applied Linguistics*, *6*(1), 60-70.

Brown, A.(1997). Transforming schools into communities of thinking and learning about serious matters. *American Psychologist*, *52*, 399-413.

Brumfit, C. (1984). *Communicative methodology in language teaching: The roles of fluency and accuracy*. Cambridge University Press.

Brumfit, C. J. (1995). Teacher professionalism and research. In G. Cook, & B. Seidlhofer (Eds.), *Principle and practice in applied linguistics* (pp. 27-41). Oxford University Press.

Bygate, M. (2015). Introduction. In M. Bygate (Ed.), *Domains and directions in the development of TBLT: A decade of plenaries from the international conference*, *8*, xv-xxiv.

Bygate, M. (2016). TBLT through the lens of applied linguistics. *International Journal of Applied Linguistics*, *167*(1), 3-15.

Canale, M. (1983). From communicative competence to language pedagogy. In J. C. Richards, & S. R. W. (Eds.), *Language and communication* (pp. 2-27). London, U.K.: Longman.

Canale, M., & Swain, M. (1980). Theoretical bases of communicative approaches to second language teaching and testing. *Applied Linguistics, 1*, 1-47.

Corder, S. (1973). *Introducing applied linguistics*. Harmondsworth, U.K.: Penguin Books.

Council of Europe (2001). *Common European framework of reference for languages: Learning, teaching,*

assessment. Cambridge University Press.
Dörnyei, Z. (2009). *The psychology of second language acquisition*. Oxford University Press.
Ellis, R. (2003). *Task-based language learning and teaching*. Oxford University Press.
Ellis, R. (2005). Principles of instructed language learning. *System, 33*(2), 209-224.
Ellis, R. (2009). Task-based language teaching: Sorting out the misunderstandings. *International Journal of Applied Linguistics, 19*(3), 221-246.
Ellis, R. (2016). Introduction: Background to the life histories. In Ellis, R. (Eds.), *Becoming and being an applied linguist: The life histories of some applied linguists* (pp. 1-12). Amsterdam, Netherlands: John Benjamins Publishing Company.
Hall, J. K. (2001). *Methods for teaching foreign languages: Creating a community of learners in the classroom*. Upper Saddle River, NJ: Prentice Hall.
Hall, J. K. (2002). *Teaching and researching: Language and culture*. London, U.K.: Longman.
Howatt, A. (1984). *A history of English language teaching*. Oxford University Press.
Long, M. H. (1985). A role for instruction in second language acquisition: Task-based language teaching. In K. Hyltenstam, & M. Pienemann (Eds.), *Modelling and assessing second language acquisition*. Clevedon, U.K.: Multilingual Matters.
Marton, W. (1988). *Methods in English language teaching: Frameworks and options*. Upper Saddle River, NJ: Prentice Hall.
Omaggio, A. M. (1986). *Teaching language in context*. Boston, MA: Heinle and Heinle.
Prabhu, N. S. (1987). *Second language pedagogy*. Oxford University Press.
Prabhu, N. S. (1990). There is no best method—why?. *TESOL Quarterly, 24*(2), 161-176.
Richards, J., & Rodgers, T. S. (2001). *Approaches and methods in language teaching*. Cambridge University Press.
Samuda, V., & Bygate, M. (2008). *Tasks in second language learning*. Basingstoke, U.K.: Palgrave Macmillan.
Skehan, P. (1998). Task-based instruction. *Annual Review of Applied Linguistics, 18*, 268-286.
Stenhouse, L. (1975). *Introduction to curriculum research and development*. London, U.K.: Heinemann.
Van Lier, L. (1996). *Interaction in the language classroom: Awareness, autonomy and authenticity*. London, U.K.: Longrnan.
Widdowson, H. G. (1979). *Explorations in applied linguistics*. Oxford University Press.
Widdowson, H. G. (1983). *Learning purpose and language use*. Oxford University Press.
Widdowson, H. G. (1984). *Explorations in applied linguistics, 2*. Oxford University Press.
Widdowson, H. G. (1990). *Aspects of language teaching*. Oxford University Press.
Widdowson, H. G. (1998). Context, community, and authentic language. *TESOL Quarterly, 32*(4), 705-716.
Widdowson, H. G. (2000). On the limitations of linguistics applied. *Applied Linguistics, 21*(1), 3-25.

Widdowson, H. (2006). Christopher Brumfit, 1940-2006. *Applied Linguistics*, *27*(2), 161-163.

Wilkins, D. A. (1976). *Notional syllabuses*. Oxford University Press.

Willis, D., & Willis, J. (2007). *Doing task-based teaching*. Oxford University Press.

Willis, J. (1996). *A framework for task-based learning*. Harlow, U.K.: Longman.

Yalden, J. (1987). *The communicative syllabus: Evolution, design & implementation*. Oxford, U.K.: Pergamon Press.

第 2 部

言語教育政策分析編

ことばの活動によるコミュニケーションとその教育の意味 ...... 細川 英雄
言語教育政策における「コミュニケーション」を考える ...... 久保田 竜子

第3章

ことばの活動によるコミュニケーションとその教育の意味
―― 欧州評議会における言語教育政策観の推移から

細川 英雄

1. はじめに

　本章は，ことばの活動におけるコミュニケーションとその教育の意味として，言語教育におけるコミュニケーション観の推移を欧州評議会の言語教育政策の観点から論じてみようとするものである。このことは，主に，コミュニカティブ・アプローチの以後に出てきた，いわゆる「ポスト・コミュニカティブ・アプローチ」という立場から，ことばによるコミュニケーションの意味を考えることを目的としている本書において，ヨーロッパにおける言語コミュニケーション観をもう一度振り返る機会となろう。

　また，そのことを手がかりに，戦後の言語教育の推移を概観しつつ，日本語教育における活動型実践との比較・検討も行い，そのうえで，循環する個人と社会という共通の実践形態のあり方について言及する。ここから，ことばの活動におけるコミュニケーション[注1]とその教育の意味として，言語教育の目的とそのあるべき姿について将来的な展望を考察する。

2. コミュニカティブ・アプローチからポスト・コミュニカティブへ

　まず，言語教育の考え方とその教育方法の大まかな推移を確認してみよう。

注1　本章では，「ことば」と「言語」の意味を使い分けている。「ことば」とは，身体としての感覚，精神としての感情，思考としての論理の3者を総合した内と外の往還の活動を指し，「言語」は，特に「思考としての論理」をつかさどる部分の外部に表出されたものとして捉えている（細川, 2016 参照）。

第 3 章　ことばの活動によるコミュニケーションとその教育の意味　57

(A) 1960～70 年代：構造言語学的（語彙・文型リスト，言語の構造・形式に関する知識，教師主導）
(B) 1970～80 年代：応用言語学的（言語の機能と場面の関係，コミュニカティブなタスク，コミュニケーション能力育成，学習者中心）
(C) 1990 年代以降：社会構成主義的（自己・他者・社会，活動型教育，学習者主体）

　ここで指摘できることは，教育対象の変容である。(A) 批判としての (B) が生まれる。それは，構造から応用へという流れである。これに対して，(A) と (B) への批判として (C) が提起しているのは，教育対象の変容として，言語から人間へという流れであることは注目すべきだろう。(A)(B) の構造から応用へという流れは，あくまでも，言語そのものへの関心から生まれたものであり，人間全体への関心ではない。この点で，(C) は，言語そのものへの関心ではなく，人間全体の関心へと移ることで提起される方向だということができよう。ここでは，個人のことばの活動を通して何が可能なのかという課題が問われ，人間を対象とする教育関心の深さが注目されるようになる。
　こうした動きは，教育方法にもそのまま反映されている。以下は，上記 (A)(B)(C) の特徴を簡潔に記述したものである。

(A) オーディオリンガル（パターン・プラクティス）
(B) コミュニカティブ・アプローチ（タスク・ワーク，ペア・ワーク，ロール・プレイ，CLT〈Communicative Language Teaching〉）
(C) ポスト・コミュニカティブ——アクション・アプローチ〈当該用語については，p. 60 参照〉（タスク・ベース，リサーチ，内容重視，プロジェクト，総合活動）

　上記の分類は，戦後の言語教育方法の大まかな分類でもある（細川，2002）。その立場・考え方の起こりと推移を示したもので，その新しさ・古さが教育方法の良し悪しと直接的に結びつくものではない。たとえば，初級段階は，頻繁にパターン・プラクティスを用い，中級になると，ロール・プレイなどのタス

ク中心の教室活動を行い，上級ではリサーチや内容重視の活動というようなケースはしばしば見られるものであり，実際の教室活動は，その時その時の状況によってさまざまに変化するものであろう。万人に共通の絶対的な教授方法というものがこの世に存在しないことは自明のことである。問題は，そうした，さまざまな学習に対する考え方を，教室担当者をはじめとする，すべての教育関係者がどのように受け止めていくかであり，その実践の内実をめぐる対話の必要性が問われていると言えよう。

3. ヨーロッパにおける言語教育政策との関係

さて，以上の歴史的な推移を考えるうえで，ヨーロッパの言語教育政策の存在を無視することはできない。

なぜなら，1971年にスイスのルシュリコン（Rüschlikon）で行われた第1回言語教育シンポジウムと，20年後の1991年に行われた第2回言語教育シンポジウムの議論が，それぞれその後のヨーロッパの言語教育政策に大きな影響を与え，さらにそれは，言語教育の世界的な流れとも連動していると考えられるからである。

戦後のヨーロッパでは二度の大戦の反省を踏まえ，資源の共有という実際的な目的も含めて，さまざまな政治的・社会的・文化的な統合が進んでいく。こうした言語教育政策こそが，経済・政治などを含めた社会＝世界を牽引する，さまざまな試みであることを指摘することができる。

ヨーロッパにおいて言語教育政策に関する具体的な活動が始まったのは，1961年，ハンブルクで行われたヨーロッパ文部大臣会議での現代語（modern languages）教育の推進が決議されてからとされる（国際交流基金, 2005）。

3.1 第1回シンポジウムとその成果

1971年スイスのルシュリコンで成人教育における言語についてのシンポジウムが行われた。この直後，欧州評議会は，成人教育における言語学習の単位制度の導入可能性を調査するための調査委員会を結成し，教育のプロセスそのものを民主化するという言語教育の新しい原則を打ち出し，現代語学習を，すべての人々に開かれた，国際コミュニケーションのために必要な学習へと転換

するという原則に基づく取り組みが開始された。

　この調査委員会は，学習目標を特定するための機能 – 概念モデルを開発し，文化協力，外国での日常生活においてその国の人々と交流するために必要な最低限の能力を Threshold レベルと規定した。翌 1972 年，イギリスの言語学者 D. A. Wilkins が欧州評議会から出した報告書，"the linguistic and situational context of the common core in a unit credit system" では，言語をコミュニケーションの道具として位置づけ，言語の概念（notion）と機能（function）を組み合わせた，いわゆる概念 – 機能シラバスを紹介している。

　この考え方をもとに，1975 年に発行されたのが The Threshold Level（J. A. van Ek., 1975）で，当時ヨーロッパをはじめ世界各地の外国語教育に大きなインパクトを与え，その後，70 年代から 80 年代にかけて，全世界に広がった，いわゆるコミュニカティブ・アプローチの端緒の役を果たしたと言える。

　The Threshold Level の中で用いられている Threshold レベルは，いわゆる外国語学習者が適切なコミュニケーションを取れると言えるためには，少なくとも何ができればよいか，という敷居（threshold）にあたるレベルを示したもので，それまでの，構造主義に基づく言語教育とは異なり，「言語教育の幅と効果を増大することによって，ヨーロッパ内での人や考えの行き来をより容易にする」(J. A. van Ek., 1975) ことを目的として，日常生活において一人でコミュニケーション行動ができることを目標に掲げ，そのために必要なトピック，機能，概念，語彙，文法項目を記した。

3.2　第 2 回シンポジウムとその展開

　20 年後の 1991 年，再びルシュリコンで欧州評議会とスイス連邦政府により，評価に関するシンポジウム "Transparency and Coherence in Language Learning in Europe: Objectives, Evaluation, Certification" が開催され，ヨーロッパ共通の言語能力を規定する枠組み設定の案が，個人の言語学習を記録するポートフォリオ作成の提案とともに出された。

　このシンポジウムの議論を踏まえ，1993 年に欧州評議会は，J. Trim（ケンブリッジ大学）をリーダーとする一大プロジェクトを発足させる。メンバーは，D. Coste（フランス）・B. North（ドイツ）・J. Sheils（欧州評議会事務局）

で，ここでの調査・研究が，ヨーロッパ言語共通参照枠（Common European Framework of Reference for Languages; CEFR）誕生の契機となる。

　CEFRは，1996年に初版，1998年に改訂版が発行され，その後大規模なフィードバックや議論を経て，2001年に英語版とフランス語版が出版され，数年の間に20近い言語に翻訳された。2004年には日本語訳も出版されている（吉島・大橋訳編, 2004）。なお，2018年には大幅な改訂版も刊行された。

4. アクション・アプローチと呼ばれる立場について —— その起源と展開

　「ヨーロッパ言語共通参照枠」（以下，CEFR）の基本理念は，欧州評議会の掲げる五つの理念（社会的結束・民主的市民性・相互理解・言語の多様性・複言語主義）に裏付けられており，その言語教育の立場としては，「アクション・アプローチ」（英語 action-oriented approach，フランス語 approche actionnelle，ドイツ語 Handlungsorientierter Fremdsprachenunterricht）という考え方が採用されている。

　このアクション・アプローチは，いわば前代のコミュニカティブ・アプローチに代替する考え方であり，これからの新しい言語教育の一つのあり方を示すものである。したがって，ここでは，この考え方をめぐって，日本語訳の課題を含めて，その起源と展開および言語教育における位置づけについて検討してみよう。

　CEFR本文には，アクション・アプローチについて，次のように記されている[注2]。

　　言語の学習，教授，そして評価のための，包括的で，明確で，そして一貫性を持つことを目指す共通枠組みは，言語使用と言語学習の一般的見方と一致している必要がある。ここで採用された考え方は一般的な意味で行動中心主義である。（吉島・大橋訳編, 2004: 9）。

　さらに，その「行動中心」アプローチについては，以下のように記述されて

注2　日本語訳では，「行動中心アプローチ」という訳が当てられているが，本章では，あえて「アクション・アプローチ」という訳語とする。その理由については後述参照。

いる。

> 　言語の使用者と学習者をまず基本的に「社会的に行動する者・社会的存在（social agents）」、つまり一定の与えられた条件、特定の環境、また特殊な行動領域の中で、（言語行動とは限定されない）課題（tasks）を遂行・完成することを要求されている社会の成員と見なすからである。発話行為は、言語活動の範囲内において行われるが、言語活動というものはより広い社会的コンテクストの一部を形成している。これはそれ自体としてその意味を持ちうるものである。「課題」というときは一人ないしは複数の個人によって、一定の結果を出すために行われる、独自の具体的（specific）な能力を方略的（strategically）に使って遂行する行動（actions）を考えている。従って、行動中心の考え方は、認知的、感情的、意志的資質と同時に、社会的存在としての個々人が所有し、また使用する特有の才能全てを考慮することになる。（同上、p. 9）

では、このアクション・アプローチは、どこからどのようにして生まれたものなのだろうか。

この起源についての関心は、この用語が CEFR 制作の過程で作られた用語なのか、それとも、それ以前からあった用語を CEFR が取り込んだのかという点である。たとえば、フランス語では、approche actionnelle と perspective actionnelle という二つの表現がほとんど同じ意味で用いられることがしばしばあるが、誰がなぜどこからこの用語を使い始めたかということについては判然としない。実際のところ、言語教育関係の分野で使われている例は CEFR 以外では見当たらない。

一方、行動中心の例としてしばしば言及されるものにプロジェクト活動があるが、それがデューイとその弟子の William Heard Kilpatrick（1871-1965）によって創始された「プロジェクト・メソッド」に由来することを考えると、直接的に、このプロジェクトの概念が行動中心に結びついたとは考えにくい。おそらくは、CEFR の制作過程で、誰かがこういう用語を作り出した／使い出したように推理できるのだが、真相究明にはもう少し時間が必要だ。

5. コミュニカティブ・アプローチからアクション・アプローチへ

ここでは，70年代から起こったコミュニカティブ・アプローチ（以下，CA）とアクション・アプローチ（以下，AA）の立場の違いとその教育方法における差異と共通点を検討することによって，ことばの教育のあり方について考えることとしよう。

Puren（2012）は，政治的・社会的・教育的な観点から，CAとAAの差異を論じている。

まず，政治的な側面では，1970年代にヨーロッパ諸国間の移動政策が起こり，この影響を受けて，CAが開発されたが，1990年代以降，ヨーロッパにおける多様性統合の動きに合わせ，AAの考え方が採用されるようになった。70年代は，観光旅行などの一時接触として異なる言語の習得必要性が生まれたが，90年代からは，恒常的に存在する移民との生活，労働のための異言語対応が重要になった。このような状況になると，単に外国人と話すという情報交換のための言語学習ではなく，Co-action（ともに行動する，協働）／協文化（co-culturel）といった，他者との協働的な姿勢が必要になってくる。その結果，あるコミュニケーション場面での能力を育成することを目的化し，教室は将来への準備の場（シミュレーション）と考えてきた教室活動においても，具体的行動の社会的行為主体（acteur social）として捉えることが重要となり，同時に，社会における個人の役割という観点で言語教育を再検討しようとする動きが加速し始めた。これは教室自体がミクロ社会であるという考え方に基づいている。

以上のような考察・検討を参考にしつつ考えてみると，CAの目的はあくまでもコミュニケーション能力育成という点に集約されており，その能力達成の後に何があるのかは範疇外であることが分かる。この能力育成という立場は，後に述べる「個体能力主義」（石黒，1998）に結びつきやすい傾向を持つ。これに対し，AAでは，ことばの活動による個人と社会の関係が重要視されていて，最終的にはどのような社会を形成するのかという点に収束しようとする，大きな目的に支えられていると言えよう。

ただ，具体的な教育実践の中では，CAとAAが判然と二つに分けられるわけでもない。タスク，プロジェクトなど，CA・AA両者に共通するター

ムも少なからずある。たとえば，タスクという用語は，Task-Based Language Teaching（TBLT）と呼ばれる学習／教育の方法の一つとして80年代から散見するが，同じTBLTでも，そのニュアンスは微妙であり，AL寄りのものから，AAの社会的実践として位置づけられるものまで，かなり幅のあることが分かる。

　たとえば，CEFRをもとにして，言語カリキュラムを作成しようとする場合，活動テーマは何らかのタスクを設定し，到達目標はCan-doリストが目的となるだろう。

　具体的には，「ハイキングの企画」というようなタスクを設定し，そこで，「場所を探す，日時の決定，友達，先生をさそう」といったタスク実現のための言語活動をあらかじめ決め，そのうちのいくつかを教室活動として目的化する。そして，そのタスク遂行に必要な表現・語彙・文型をあらかじめ準備することになる。最後に，活動の評価として，「何ができるか」や「どのようにできるか」等を設定しておくというような，これまでの一般的な教室活動の手順となるだろう。

　現実には，このタスクそのものは，内容重視（テキスト重視），調査探求（リサーチ重視），問題解決（プロジェクト重視）といった活動下位分類が必要かもしれないように，きわめて多岐にわたっていて，そう簡単に決められるものではない。

　問題なのは，上記のような教室実践が，あたかもCEFRの理念に基づく教室実践であるかのように思い込まれてしまう現実があることである。

　このような実践には，アクション・アプローチの本来の意味がほとんど活かされていない。なぜなら，「社会的行為主体」としての活動とは何か，そのことにより，このことばの教育実践は何をめざすのかという問いが，この実践例には決定的に欠けているからである。

　いずれにしても，それぞれの活動の目的がどこにあるのか，ひいては，言語教育そのものの目的とは何かという議論を踏まえることが必要だろう。

　ここで指摘したいことは，CAかAAのいずれかが優れているというようなことではない。

　CAもAAも，いずれもヨーロッパの政治的・社会的・文化的状況の中で，

言語教育の新しい展開をめざして生まれたものである。しかもそれは，70年代，90年代のそれぞれのシンポジウムがきっかけとなって，かなり大きな政治的な言語教育政策の下で構想されたものであるからだ。

一つ重要なことは，CA も AA も，その考え方や立場を示したものであり，決して一つの教育方法を指すものではないことが分かる。また，同じ考え方・立場であるといっても，上記のような，多くの活動形態があり，それぞれに少しずつ異なっているため，必ずしも同じ方法をとるとは限らない。同一の考え方・立場に基づきつつも，それを実現する方法は，人の数だけあるという原理（細川，2012b）はここでも有効である。

6. 二つのコミュニケーション観の違いとことばの活動の教育の意味

コミュニカティブ・アプローチは，前述のように，ヨーロッパ統合の一つの形として，その言語教育の姿を実現させようとするものだった。その根底には，政治的，社会的，文化的などのさまざまな面から，ヨーロッパの平和をめざすという理念があることは間違いない。

1971年の第1回シンポジウムでの議論での基本方針は，欧州評議会の次のような考え方に引き継がれていると言える。

- 言語学習は万人のためのものである
- 言語学習は学習者のためのものである
- 言語学習は異文化コミュニケーションのためのものである
- 言語学習は生涯のものである
- 言語教育は常に調整され，包括的にされなければならない
- 言語教育は一貫性と透明性がなければならない
- 言語学習と言語教育は，状況や使い方の変化，体験に応じて変わる，生涯にわたるダイナミックなプロセスである

（Council of Europe. Directorate General IV. Language Policy Division, 2004）

ここから言えることは，CA が，それまでの構造主義的言語観から脱して，言語の構造と機能を場面的な運用と結びつけようとしたことであろう。これを

もって，まさに「コミュニカティブ」という立場を形成しようとしたものであろう。

　このCA開発の前提となったものが，The Threshold Levelである。Thresholdレベルでは，学習目標を特定するための機能─概念モデルを開発し，外国での日常生活において，その国の人々と交流するために必要な最低限の能力を規定しようとしている。つまり，Thresholdレベルは，学習者が目標言語の自立的な使用者と評価されるには言語的に何が「できる」とされるのかを具体的に示し，またそのために必要な知識や技能をも明示しようとした学習評価基準であると言える。1975年に発表された英語版の"The Threshold Level"およびその翌年に発表されたフランス語版の"Le Niveau Seuil"は，ともに言語学習プログラムの基礎的なモデルと見なされ，その後，各国での言語学習計画に多大な影響を与えたことはよく知られている。これはコミュニケーションの道具としての言語の概念（notion）と機能（function）を定め，学習者の言語能力基準をガイドラインとして示している。

　従来のオーディオ・リンガル・メソッド等のように文法構造や言語構造を中核とするアプローチではなくて，言語の「伝達機能（function）と概念（notion）」を中核とするアプローチである。すなわち，言語運用を社会的行動と見なす理論的枠組みがあり，その「言語運用のための能力観」（コンピテンシーモデル）が，「コミュニケーション」概念の基盤にあると言える（大谷ほか編, 2015: 336）。

　しかし，ここでは，前述のように，その言語運用能力向上の後に何があるのかという問いをCA自体が持たなかったことの限界が指摘できるだろう。「言語運用を社会的行動と見なす理論的枠組み」としたが，この「社会的行動」とは，その社会で定式化された，いわばステレオタイプの「行動」をそのままさすことがほとんどで，きわめて社会順応型の発想に基づいていたと言える。この点で，CAは，言語道具論の枠組みから出られなかったということができるし，言語運用の展開を示してはいても，その言語を使って個人が何をするのかという，ことば使用の本来の意味へ迫ることはできなかったと言えよう。

　これに対して，AAには，複言語・複文化主義に表されるように，さらに，ヨーロッパの文化・社会の状況に合わせて，ダイナミックにことばの教育に取

り組もうという姿勢が見える。

　ここでのキーワードは，社会的行為者としての話者の確立であり，それは，複言語主義に始まって社会的結束に至る，個人と社会の形成をめざしたものだと言えるからである。

　欧州評議会の言語教育政策では，特に「複文化性 Pluriculturality」「相互文化性 Interculturality」の二つが主張されている（福島，2011）。これは，多様で複雑な背景を持つ個人が，相互の差異を認めつつ，対話を通じて，社会に参加していくことをめざすものであり，同時に，民主的な市民形成へという道筋を提案するものである。

　この欧州評議会の言語教育政策の目的を，その階層性に沿ってやや踏み込んで解釈することを試みると，次のようになる。

- 社会的結束（social cohesion）－地球規模の世界的結束
- 民主的市民（democratic citizenship）－世界的市民性の形成
- 相互理解（mutual understanding）－他者性の認識
- 言語の多様性（linguistic diversity）－言語学的境界の限界
- 複言語主義（plurilingualism）－個人の中のことば
- 教育実践としてのアクション・アプローチ（action oriented approach）－社会的行為主体

　まず，社会的結束（social cohesion）の促進とは，個人の成長や教育，雇用，情報へのアクセス，文化的向上における機会の均等は，生涯を通したことばによる活動によるところが大きいと指摘できる。まさに個人と社会の関係をことばの活動として捉えようとしたところに大きな意味があると考えることができる。しかも，それは，ヨーロッパの問題に限定されることなく，地球規模の世界的結束へとつながる可能性を十分に有しているということができよう。

　このことは，それぞれの社会において民主的市民（democratic citizenship）をいかに形成するかという課題と密接な関係にある。それは，世界的市民性の形成へという思想にもつながるものであろう。

　相互理解（mutual understanding）という概念は，他者の文化（価値観，考

え方等）の違いを認めるという，他者性の認識に基づくものでなければならない。Interculturalとは，個と社会を結ぶ，重要な条件の一つとなるからである。

　言語の多様性（linguistic diversity）は，等しく認識されなければならないし，すべての人はあらゆる言語の尊厳を知らなければならない。

　このような観点から，複言語主義（plurilingualism）では，個人の中の複数のことばの存在を認め，言語学的言語境界の限界を超えて，ことばの活動を考えていく必要を主張することになる。

　「多言語（multilingualism）」が多くの言語が存在・共存する，あるいはそのような社会的状態を示しているのに対し，「複言語主義（plurilingualism）」では，個々人の母語を含め，すべての別の言語あるいは言語的変種を含むものとする。ここから，plurilingualismとは，個人が複数の言語や言語の変種を自由に駆使する力で，言語学的言語境界の中での閉じられた言語の枠組みを前提とせずに個人の持つ言語レパートリーを有機的に利用しながらコミュニケーションを図る能力という解釈が生まれる。しかし，よく考えてみると，この「多言語」「複言語」という区別の仕方そのものが，言語学的言語境界に縛られた概念なのだ。

　ここでは，個人の中の複数のことばという立場，つまり人間のことばの活動とはすべて複合的で多様なのだという立場に立つことによって，すべての人は，ことばによって他者とコミュニケーションする活動によって，この社会を形成させていくことになる。社会における個人の民主的，社会的プロセスへの参加は，それぞれが複合・多様の視点を持つことにより実現することができるのである。

　上記の理念に基づき，教育実践としてのアクション・アプローチ（action-oriented approach）では，社会的行為者としての話者を確立し，複言語主義に始まって社会的結束に至る，個人と社会の形成をめざしているものであることが分かる。多様で複雑な背景を持つ個人が，相互の差異を認めつつ，対話を通じて，社会に参加していくことをめざすための民主的な市民性形成へという道筋を提案する教育実践であると言えよう。

　欧州評議会の言語教育政策理念について，その階層性を検討することで，それぞれのキー概念を拾いながら，具体的な言語教育実践に結びつけることがで

きる。つまり，上記の階層性こそ，欧州評議会の掲げる言語教育の目的である社会的結束と民主的市民性形成を実現するための一つの大きな軸であることが明確になるからである。それは言うまでもなく，個人における自己と社会を結ぶ意識のあり方を検討するための言語教育の実践の枠組みでもある。

7. 循環する個人と社会──ヨーロッパ言語ポートフォリオと「相互文化的出会いの自分誌」，そして総合活動型日本語教育へ

では，以上のような言語教育の理念は，さらにどのような教育実践として具体化できるのか。

ここでは，ヨーロッパ言語ポートフォリオから「相互文化的出会いの自分誌」へ，そして総合活動型日本語教育という 90 年代からの教育実践における個と社会の循環を考える一連の流れを見ることができる[注3]。

7.1 ヨーロッパ言語ポートフォリオ

ヨーロッパ言語ポートフォリオ（European Language Portfolio; ELP）は，欧州評議会によって考案されたものだが，必ずしも一つのものがあるというわけではなく，学習者，学習環境，学習目的などに応じて，さまざまな形で開発されることが期待されている。

ELP は，ヨーロッパ言語共通参照枠（CEFR）の目的を実施するための教育的ツールとして位置づけられていて，構成は，言語能力が確認できる言語パス

注3　ヨーロッパ言語ポートフォリオとの関連では，1994 年開設の Graz, Austria にヨーロッパ現代語センター（European Center for Modern Languages）での，さまざまな言語教育実践が紹介されているが，日本では，その調査・研究もほとんど行われていない。「相互文化的出会いの自分誌」への流れは，このセンターとは別の動きである。言語教育と市民性の関係についての研究でまとまったものは世界的に見ても，M. バイラムの著作のみである（バイラム, 2015）。

　広い意味での社会的行為主体をめざす実践としては，国内では，1990 年代後半からの総合活動型日本語教育があり，同時に，雑誌「リテラシーズ」は，そうした考え方に賛同する多くの教育実践に発表の場を提供してきた。その後，2000 年代に入って，いわゆる活動型の名称で，各地でさまざまな教育実践が行われるようになった。西口光一（大阪大学）の自己表現学習をはじめ，人間主義教育や批判的言語教育等の一連の活動もある。社会的行為主体という概念を標榜する教育実践の理論を整理・明確化し，国内外での言語教育における受容実態を踏まえたうえで，世界の教育実践者をつなぐ，対話と議論のための「フォーラム」の形成が求められよう。

ポート (Language passport)，学習目標を設定し，自己評価により学習進行状況を把握し，記録できる言語学習記録 (language biography)，学習成果が保管できる資料集 (dossier) の 3 部からなる。この ELP を用いることにより，学習者は自己の言語学習の蓄積と振り返りが可能となり，ヨーロッパ共通の能力レベル記述である CEF 参照レベルが基盤となっているので，その所有者は，どこの国や社会で，どの言語を学習するとしても，自己の言語能力を明確に提示することができるとされる。そのためには，ELP の教育的機能だけではなく，学習者が言語熟達度を提示できる報告的機能としての有効性が活かすことが重要であると指摘されている。

7.2 「相互文化的出会いの自分誌」

この ELP のより教育的側面を個人の市民性形成と結びつけて，欧州評議会の政治的理念の軸としての教育実践的立場である AA をさらに具体化したものが，2008 年に発表された「相互文化的出会いの自分誌」(Autobiographie de rencontres interculturelles/Autobiography of Intercultural Encounters; AIE) である。

この AIE は，バイラムほかの編集による 10 ページほどの小冊子で，成人向けと年少者向けの 2 種がある。異なる文化と自分自身との出会いをていねいに記述することで，次第に「文化」の意味に気づき，最終的に自分が市民として生きることの意味に自覚的になるという過程をプログラム化したものである（バイラム, 2015 に全文訳あり）。

この AIE は，個人のことを記述しつつ，実際は，これからの社会はどういう社会なのかということを考えさせるための，さまざまな工夫が施されている点で，前述の個人における自己と社会を結ぶ意識のあり方を検討するための言語教育実践であると言える。では，こうした個人事象記述がなぜ言語教育において必要なのだろうか。

それは，個人の興味・関心が，基本的には家族をはじめとする他者との関係性の中で，自分の周囲にあるモノ・コト・ヒトへの認識から始まり，次第に，そうした自己と他者を取り囲む社会へと広がっていくことを示しているからだろう。その際に，ことばによる活動が不可欠であり，それぞれのことばの活動によって，他者性の認識による相互の人間理解へと進む。このことが，自己と

他者の対等な関係を成立させる社会の構築につながり，それが同時に，民主的な社会をつくるための市民性の形成へと結びついていくのだ。おそらくは今後，こうした個人事象記述の活動が，これからの学習者と教師にとって大きな意味を持つことになろう。

7.3 総合活動型日本語教育

一方，言語教育として，こうした大きな目標を描くものに，1990年代後半からの総合活動型日本語教育（細川，1999; 2002）および「考えるための日本語」（細川・NPO法人「言語文化教育研究所」スタッフ，2004; 細川編，2007など参照）の活動がある。総合活動型日本語教育の活動とその手順は，以下の通りである。

- ・自己の興味・関心のありかを探る
- ・興味・関心の理由の明示化及びそのテーマ化
- ・他者との共有－差異の自覚と相互理解
- ・活動コミュニティ自覚と社会参加意識の形成

総合活動型日本語教育の実践活動の詳細については，紙幅の関係で多くを述べることができないが，個人が，自分の興味・関心から問題意識へという方向において，ことばによる活動を軸に，他者を受け止め，テーマのある議論の場の形成をめざすという実践活動であり，その特徴は，個人を起点にしている点である。欧州評議会の理念が，社会的結束の大きな枠組みから出発し，最終的なところで個人の視点まで降りてくるのに対し，総合活動型日本語教育では，いわゆる「私をくぐらせる」という表現によって，まず個人から始まることを提案している。

こうした個人事象記述という活動は，従来のアカデミックな世界では，「私語り」という表現によって，むしろ否定的に捉えられてきた。その結果として，自己の外側にあるものとしての社会リサーチ的立場が常に優位であり，言語教育においても，そうした社会リサーチの手順を方法化したものをアカデミック・ライティングと呼んで言語訓練の対象としてきている。

しかし，ここで重要なことは，自己を起点としつつ，個人と社会の循環を考えることなのである。これは，ことばの活動を「私語り」として個人の中に閉塞させず，常に自己と他者の関係性として捉えること，つまり公共性への展開なのである。したがって，この場合の個人事象記述とは，ただ単に自分の個人的な話をするという意味ではなく，自分が選択したテーマと自己との関係について語ることなのである。

　その意味で，欧州評議会の「社会から個人へ」，総合活動型日本語教育の「個人から社会へ」という方向性は，実践活動としての内実から見た場合，循環する個人と社会という点で共通している。たとえば，AIEに，社会について個人に考えさせるためのさまざまな仕掛けが施されていることはすでに述べたが，こうした個人記述にこそ，他者・社会との接触・参加の糸口のあることが分かる。しかも，この領域を切り拓けるのは，ことばの教育の実践研究（細川・三代, 2014）をおいてほかにないことを思想として貫くことが重要なのである。

　個人事象記述の活動を，自分誌あるいは「私語り」という古くて新しい分野への挑戦として捉えることは，個体能力主義に陥らないためであると同時に，循環する個人と社会とその両者を結ぶ意識のあり方を検討するためでもある。それは，言語教育が行き着く，洋の東西を超えた言語教育実践の究極の姿であるとも言えよう。

8. おわりに──ことばの教育における市民性形成の思想へ

　アクション・アプローチについては，現在の段階で，その起源は不明ではあるが，ことばをコミュニケーションのための表面上のスキルに収束させるべきではないとする欧州評議会の理念によっていることは明らかである。その実践の一つの形としてのAIEが，10年以上前に提案された総合活動型日本語教育との共通性によって，循環する個人と社会という言語教育のあり方を示すものになる。このことは，言語能力が個人ベースで測定され，その能力が及ぼす社会的影響についてもほとんど議論されない「個体能力主義」からの脱却をめざしている点でも，行動中心主義の根幹的思想とほぼ一致している。この意味で，これからの言語教育の潮流が確実にアクション・アプローチ的な方向性にあることが分かる。

ただ，それでもなお，心理学の「行動主義 behaviorism」を連想させる「行動」という訳語については違和感がある。このままでは，「行動中心」という呼称だけが一人歩きする危惧を覚えざるを得ない。ここでは，behavior と action との違いというよりも，むしろ広い意味での action，つまり「活動 activity」と重なるものとして理解することができるだろう。

　おそらく CEFR の「行動 action」とは，ことばの活動の行為プロセスとして解釈することが可能だろう。こうした個人一人ひとりのことばによる互いのやりとりが複合的な社会を形成し，同時にそうした社会が個人の居場所となっていく。ことばの学習は狭義の「行動」だろうし，複数の言語が容認されていく過程も，個人による市民社会の形成と言える。その大きな方向性の中で，欧州評議会は，社会的結束から AIE に至るまでの枠組みを言語教育の活動として提案しているのである。

　このような立場は，ことばの教育における大きな変革の必要性，つまり人間のためのことばによる活動の役割を再検討する機会を与えることになる。それは，習得を目的化した技術方法論からの脱却を意味しているし，その脱却の向こうには，どのような民主的な社会をめざすのかという市民性形成の問いが待っている。このことは，言語教育という営みが，いわゆる「教授法」の次元を超え，それぞれの理念によって支えられなければならないことを示すものであろう。ここには，自己のテーマをめぐる議論の場の形成と，その方向性をつくっていこうとする，「ことばの市民」（細川，2012a）という概念へと続くものがある。ことばは，決して個人の中で完結しない。その活動は，自己と他者との関係性として捉えられなければならない。

　では，なぜ人は他者とともに生きる社会をつくらなければならないのか。

　他者とともに生きるためのことばの活動と，それを支えるものは何か。

　古代ギリシャのソクラテスが示唆した「よく生きる」とは何か。

　人々が無益な争いなく，幸せに暮らすための，平和な社会の形成のために，ことばの教育ができることは何か。そのような社会に生じる，さまざまな課題を解決する鍵も，このことばの活動とその教育にあるはずである。

　最後に，欧州評議会を中心とする言語教育政策の年表を挙げる。

欧州評議会を中心とする言語教育政策の年表

年	出来事
1949	欧州評議会がフランスのストラスブールに設立
1950	欧州人権条約調印
1951	欧州石炭鉄鋼共同体（ECSC; European Coal and Steal Community）発足
1954	欧州文化条約（European Cultural Convention）（1954年署名，55年発効）
1953	ルクセンブルクにヨーロッパ学校（Europäische Schule=European School）設立
1955	EEC委員会，EECでの使用言語の採択において各国言語の平等原則を表明
1956	フランスの言語学者コーアン「多言語国家」nation plurilingue という用語を使用，これが plurilingue という語の初出か（大木・西山編 2011: 200）
1957	欧州経済共同体（EEC）発足
1957	欧州評議会の言語政策部局（Language Policy Division）設立
1961	ハンブルク協定
1962	ドイツのカールスルーエにヨーロッパ学校設立
1963-1973	現代語（modern languages）プロジェクト第一次
1964	国際応用言語学会（AILA; Association Internationale de Linguistique Appliquée）設立
1967	欧州共同体 EC（ブリュッセル条約発効）
1971-1976	現代語プロジェクト第二次
1971年5月	スイスのルシュリコン（Rüschlikon）で成人教育における言語についてのシンポジウム
1975	*The Threshold Level*（van Ek）刊行
1976	*The Threshold Level for Modern Language Learning in Schools* 刊行
1977-1981	現代語プロジェクト第三次
1982-1987	現代語プロジェクト第四次
1987	エラスムス計画（European Community Action Scheme for the Mobility of University Students: ERASMUS）
1988-1996	現代語プロジェクト第五次。CEFR の WAYSTAGE や European Langage Portfolio などの導入が取り組まれている

1991年11月	スイス・ルシュリコンでシンポジウム「ヨーロッパの言語学習における透明性と整合性」開催
1993	EU発足
1994	『参照枠』の施行版刊行
1994	Graz, Austria にヨーロッパ現代語センター (European Center for Modern Languages) 開設
1994	ソクラテス計画発足（Ⅰ：1994-1999，Ⅱ：2000-2007）のちにEU生涯学習計画（2007-2013年）に統合
1998年5月	ソルボンヌ宣言
1998-2000	現代語プロジェクト第六次
1999年6月19日	ボローニヤ宣言調印
1999年6月	ケルン憲章「生涯学習の目的と希望（AIMS AND AMBITIONS FOR LIFELONG LEARNING）」採択
2000	Common European Framework of Reference for Languages: Learning, teaching, assessment 英語版・フランス語版刊行。
2001	欧州言語年（The European Year of Languages）
2001	プラハ・コミュニケ「欧州高等教育圏の確立に向けて」
2004	エラスムス・ムンドゥス計画（2004-2008年（第1期），2009-2013年（第2期））
2009	国際交流基金（2009）『JF日本語教育スタンダード　試行版』国際交流基金

参考文献

石黒広昭（1998）.「心理学を実践から遠ざけるもの」佐伯胖・宮崎清孝・佐藤学・石黒広昭『心理学と教育実践の間で』（pp. 103-156.）　東京大学出版会.

大木充・西山教行(編)(2011).『マルチ言語宣言——なぜ英語以外の外国語を学ぶのか』京都大学学術出版会.

大谷泰照(編集代表)，杉谷眞佐子・橋内武・林桂子(編)(2015).『国際的にみた外国語教員の養成』東信堂

バイラム, M.（2015）.『相互文化的能力を育む外国語教育——グローバル時代の市民性形成を

めざして』(細川英雄(監修),山田悦子・古村由美子(訳)) 大修館書店.［Byram, M. S. (2008). *From foreign language education to education for intercultural citizenship*. Clevedon, U.K.: Multilingual Matters.］
福島青史（2011）.「「共に生きる」社会のための言語教育——欧州評議会の活動を例として」『リテラシーズ』8, 1-9.
細川英雄（1999）.『日本語教育と日本事情——異文化を超える』明石書店.
細川英雄（2002）.『日本語教育は何をめざすか——言語文化活動の理論と実践』明石書店.
細川英雄（2012a）.『「ことばの市民」になる——言語文化教育学の思想と実践』ココ出版.
細川英雄（2012b）.『研究活動デザイン——出会いと対話は何を変えるか』東京図書.
細川英雄（編）(2007).『考えるための日本語［実践編］——総合活動型コミュニケーション能力育成のために』明石書店.
細川英雄・NPO法人「言語文化教育研究所」スタッフ（2004）.『考えるための日本語——問題を発見・解決する総合活動型日本語教育のすすめ』明石書店.
細川英雄・三代純平（2014）.『実践研究は何をめざすか——日本語教育における実践研究の意味と可能性』ココ出版.
吉島茂・大橋理枝他（訳・編）(2004).『外国語教育Ⅱ——外国語の学習,教授,評価のためのヨーロッパ共通参照枠』朝日出版社.
Council of Europe（2008）.「相互文化的出会いのための自分誌［フランス語版］」<http://www.coe.int/t/dg4/autobiography/default_fr.asp>
Puren, Christian (2012). « Perspective actionnelle et formation des enseignants : Pour en finir avec le CECR ». http://www.christianpuren.com/mes-travaux-liste-et-liens/2012b/
Van Ek, J. A. (1975) *Threshold level for modern language learning in schools*. Boston, MA: Addison-Wesley Longman.

第4章

言語教育政策における 「コミュニケーション」を考える

久保田 竜子

1. はじめに

　言語教育においてコミュニカティブ・アプローチが提唱されてから40年以上経過しようとしている。コミュニカティブ・アプローチという用語が示すように，言語学習の目標をコミュニケーションに据えることが，このアプローチの柱であると言える（熊谷・佐藤論文（第1章）参照）。たとえば日本の学校英語教育では，1990年代から学習指導要領の中でコミュニケーションを重視するようになってきている。日本語教育においても，1980年代からコミュニカティブ・アプローチが導入され始め，日常のさまざまな場面における意思伝達に必要な言語能力を高めるための実用的な言語指導に注目されてきた。

　コミュニカティブ・アプローチは，コミュニケーションに言語習得の主眼を置くという点で，従来の指導法と区別できる。以前はことばを文脈から切り取った構造として捉えて，その構造の仕組みを学習したり，仕組みに当てはまる表現を無意識に産出できるようにしたりすることが言語学習の目標とされる傾向があった。それに対してコミュニカティブ・アプローチは，実際の社会生活の中でコミュニケーションできるようになることを目標としており，言語構造の学習は目標を達成するための手段にすぎない。

　さらに近年の言語教育は，多国籍企業のグローバル展開と平行して見られるグローバル化言説や新自由主義のイデオロギーの中に取り込まれている。グローバル人材の育成という概念はその一例である。このような状況下で，ますます言語教育の実用主義化が進んでいる。

　しかし，実用的なコミュニケーションとはいったい何を指すのだろうか。グ

ローバル社会で，そして身近な社会の中で実際に必要なコミュニケーション力とは何なのかといった根本的議論は，教育政策の中で欠けているように思える。本章は，グローバル化が言語教育政策に及ぼす影響に焦点を当てながら，コミュニケーションという概念が特に英語教育政策の中でどのように捉えられてきたのか，国境を越えたビジネスの現場ではコミュニケーションがどのように体験されているのか，新自由主義とグローバリゼーションの中で，コミュニケーションがどのようにイデオロギー的に捉えられているのか，そしてコミュニケーションはどのような倫理的・情緒的側面な役割を担っているのかといった問題を中心に，言語教育におけるコミュニケーションの意義を考えてみたい。

2. 学校英語教育政策に登場するコミュニケーション

　まず，日本の学校英語教育政策の中でコミュニケーションという用語はいつごろから使われ始めたのだろうか。1974年に出された中央教育審議会答申で，「コミュニケーションの手段としての外国語能力」という文言の中で「コミュニケーション」が初めて登場したとされている（江利川, 2018）。しかし，英語教育政策がコミュニケーションへ大きく舵を切ったのは，1980年代からである。中曽根首相が内閣総理大臣の諮問機関として1984年に発足させた臨時教育審議会（臨教審）の第2次答申では「教育の国際化」が強調され，外国語教育，特に英語教育の見直しが提言された。さらに1987年の第3次答申においては，次の文脈で「コミュニケーション」ということばが登場する。

　　　今後の英語教育においては，広くコミュニケーションを図るための国際通用語としての英語の習得に重点をおくこととし，教育内容をより平易化するとともに，自らの意思を積極的に伝える観点から教育内容や方法の見直しを図る。

　その後，この答申を受けて，平成元年（1989年）に改訂が告示された中学校ならびに高等学校学習指導要領では，目標として「外国語で積極的にコミュニケーションを図ろうとする態度を育てる」ことが掲げられ，「コミュニケー

ション」が英語教育政策で明言されるようになった。そしてこの改訂により，高校の外国語（英語）にはオーラル・コミュニケーションという科目が開設され，現在のコミュニケーション英語基礎・Ⅰ・Ⅱ・Ⅲに至っている。2018年に告示された高等学校の新学習指導要領では，英語コミュニケーションⅠ・Ⅱ・Ⅲが新設され，4技能（聞く・話す・読む・書く）をバランスよく育成することが期待されている。

　それでは，なぜ教育政策の中で国際化が強調され，コミュニケーションということばが登場したのだろうか。その背景には対米貿易摩擦があった。戦後の高度経済成長を経て日本の製造業は国際競争力を伸ばし，1980年代には，電化製品や自動車などの輸出が急増していた。その結果，日米貿易不均衡が生じるようになった。この状況下で，経済摩擦を軽減する方策として生まれたのが「国際化」の言説である。

　経済政策としての国際化は，1986年に発表された「前川レポート」に明示されている。これは当時の中曽根首相に提出された「国際協調のための経済構造調整研究会報告書（経構研報告）」である。このレポートでは，1980年代から増大した経常収支不均衡が日本の経済運営ならびに世界経済の調和を危機的状況におとしいれているという認識が土台となっている。そのうえで，内需拡大・産業構造の国際化・市場開放・金融自由化・世界経済への貢献などが提唱されている。そして，この経済面での国際貢献の中に文化面での国際交流の推進が挙げられ，「国際化時代」に対応するために，外国人教師や留学生の受入れなどの体制を整備することが提言されている。

　このレポートでは，貿易不均衡がもたらした国際的緊張関係を改善するためには，日本の社会経済構造を国家規制の枠組みから解放し，国際社会に調和させることが必要とされた。レポートの最後では，このような国際化を推し進めていくのは「国民のひとりひとり」であるとしている。提言の一つである「国際交流」は，個人が積極的に関わることによって実現されるのであり，そのための方策の一つはことばを介した意思疎通であることは言うまでもない。英語教育の中でコミュニケーションが重視された背景には，明らかに経済・社会面における国際化の必要性があったのだ。

　それでは，今日の英語教育政策において，コミュニケーションはどのように

捉えられているのだろうか。

3. コミュニケーション力＝英語の4技能

　現行の中学校学習指導要領では，次に見るように，「外国語で積極的にコミュニケーションを図ろうとする態度を育てる」という目標が，さらに詳細に述べられている。

　　　外国語によるコミュニケーションにおける見方・考え方を働かせ，外国語による聞くこと，読むこと，話すこと，書くことの言語活動を通して，簡単な情報や考えなどを理解したり表現したり伝え合ったりするコミュニケーションを図る資質・能力を次のとおり育成することを目指す。

　そして，これを達成するために3点が挙げられているが，それを要約すると次のようになる。(1) 言語構造の知識を4技能の中で活用する，(2) コミュニケーションの目的・場面・状況に応じて理解・表現・伝え合いをする，(3) 文化への理解を深め，相手に配慮しながらコミュニケーションを図ろうとする態度を養う。
　ここでは，場面・目的・相手を踏まえた伝え合いに言及している点で，旧学習指導要領よりコミュニケーションの内容に踏み込んでいるように見える。しかし，仲（2017）が指摘しているように，ここでのコミュニケーション観は，他者との関係性を築き上げることに注目しているというより，予測できる目的を達成するための手段と捉えられている。そこでは，状況によって柔軟に働き多様な特徴のあるコミュニケーションという概念が，予測可能で測定可能な技能の枠にはめられている。つまり，「コミュニケーション能力＝4技能の力」というふうに狭い定義に固定化されてしまっている。
　この点について興味深い点を指摘したい。2017年に総務省は「グローバル人材育成の推進に関する政策評価書」という報告書を発表した（総務省，2017）。この文書は2013年に閣議決定された「第2期教育振興基本計画」におけるグローバル人材育成推進のための関連教育施策を評価するとともに，海外進出企業を対象とした意識調査の結果を提示しながら，それらの情報をもと

に勧告を加えている。実はこの文書でも，英語教育における「コミュニケーション能力＝4技能の英語力」という認識が明確に表されている。

　まず「英語教育政策評価」の部分では，中学校・高等学校・大学卒業時の英語力到達目標達成度が民間試験に基づく指標で記載されている。たとえば，中学校卒業時の英検3級程度以上の生徒の割合，高校卒業時の英検準2級から2級程度以上の生徒の割合，大学卒業時の英語力の到達目標（例：TOEFL iBT 80点）を満たす学生数などである。

　それに対して「グローバル人材の確保状況等に関する企業の意識調査」では，海外進出企業4,932社を対象に行った意識調査の結果を示している。この調査の有効回答数は980社で20パーセント程度とかなり低いのだが，結果は興味深い。ちなみにこの調査における「グローバル人材」の定義は，「日本人としてのアイデンティティや日本の文化に対する深い理解を前提として，豊かな語学力・コミュニケーション能力，主体性・積極性，異文化理解の精神等を身につけてさまざまな分野で活躍できる人材」である。

　意識調査の項目の一つに，企業が「大学に求める取組内容」がある。複数回答で最も多かったものから挙げると，「海外留学の促進」「異文化理解に関する授業の拡充」「ディベート等の対話型の授業の拡充」「英語授業の拡充」などと続く。さらに，取り組みが必要な理由，ならびにグローバル人材の育成に関わる意見・要望として，企業の回答者の声が記述式で記載されている。その中のいくつかを抜粋する。

- TOEICで高得点をとっていることと，海外で実際に英語を使って話せるということは異なる。
- 英語は話す能力を強化してほしい。ネイティブのように流暢に話せなくても，とにかく話すことが大事である。外国人にうまく伝わらなかったことを経験しておくこともよい。
- 英語が話せることと仕事ができることは異なるので，学生には語学力以外に海外進出企業が必要としている能力を身につけさせてほしい。
- 英語検定の能力を国の目標・指標とすることに疑問を感じる。
- 大学には，専門知識の教育を第一に考え，外国語はその伝達ツールとし

て教えてほしい。
・日本の英語教育は，文法にこだわり過ぎている。コミュニケーション能力を高める教育が必要である。
・学生には，海外の現場でたとえ十分な英語が使えなくても，身振り手振りでも意思疎通ができるよう，外国人とも日本人と同様にコミュニケーションができるようになってもらいたい。
・近年では中国，東南アジア，台湾等でのビジネスが多く，これらの国では英語が通じると考えがちだが，都市部ではなく地方の工場などに行くと，英語は通用しないため，現地語が必須となっている。

　これらを見ると，企業側が回答しているコミュニケーションに関わる認識は，必ずしも学校や大学で学ぶ4技能あるいは言語知識，それも言語テストで測れる技能・知識とは合致しない。話す能力だけとっても，規範的な話し方にこだわらず，とにかく伝える経験が必要であるとされている。さらに，そもそも英語が国際共通語であるという考えに疑問も投げかけられており，英語一辺倒の教育が疑問視されている。
　ところが，この文書の「評価の結果及び勧告」の中の「評価の結果」の部分では，それまでコミュニケーション能力に関するデータを含む膨大な資料が提示されてきたにもかかわらず，「コミュニケーション」ということばがいっさい登場しない。大学ならびに初等・中等学校での「英語をはじめとする外国語教育の強化」の項を見ると，テストで測れる英語力の到達目標や英語力の向上について言及されているのみである。
　さらに，「勧告」は3項目のみが短く挙げられており，ごく簡素なのだが，二つ目の項目「中学校・高等学校の生徒の英語力の向上」では，英語力の向上のみが言及されている。結局，文部科学省が次期の教育振興基本計画において生徒の英語力強化を達成するために，その対策ならびに達成状況の的確な判定方法を盛り込むことだけが提言されているのである。
　グローバル人材は豊かな語学力・コミュニケーション能力を備えているはずであるのに，この政策評価と勧告では「英語力の強化」だけが注目されており，「語学力・コミュニケーション能力」が「英語力」にすりかえられてい

る。さらに，英語力強化のためには学習者の英語力を的確に測ることが求められるとされている。これは結局，テストで測れる4技能を高めることにほかならない。

　ここで，1980年代から1990年代にかけて，外国語教育施策がコミュニケーションに比重をシフトさせたことに立ち戻ってみよう。当時，国際化およびのちのグローバル化の言説の中で，国際社会，特に欧米の経済構造を取り入れるとともに日本の立場を積極的に国際社会に向けて主張していくことが急務と考えられた。そしてこれが文法中心からコミュニケーションへ舵を切ることにつながった。英語が国際共通語であるという認識もコミュニケーションの重要視に拍車をかけた。このコミュニケーション観においては言語構造の知識より実用的なことばの運用が重要であるはずなのだが，実際は，実用的言語運用力が従来の4技能に閉じ込められ，さらに「国際コミュニケーション＝英語」という短絡的認識に狭められてしまっている。

　上記の政策評価書では，グローバル人材に関する企業の意識調査も含まれていた。ここでも明らかなように，近年の外国語（英語）教育政策は，財界の意向が大きく反映されている（江利川，2009; 2018; 久保田，2015a; 2015b）。たとえば経団連の「グローバル化時代の人材育成について」（2000年）や経済同友会の「志ある人々の集う国」（1999年）で発表された提言は，その後の英語教育政策，たとえば小学校への英語導入・大学入試センター試験でのリスニングテスト実施，外国人英語教員の拡充・TOEICやTOEFLを活用した英語教員の英語力測定などに反映されている。

　しかし，上記に示した企業から寄せられた記述式コメントでは，テストで測られる4技能に限定した見解が述べられているわけではない。逆にそこに述べられているコミュニケーション力とは，言語学的に正確でなくても伝えようとする意欲を持ち，コミュニケーション・ストラテジーを駆使しながら，専門的知識や能力を発揮するツールとしてことばを運用する能力とされているように見える。

　この点で，筆者が過去数年間にわたって行ってきた研究調査が参考になるので，以下に紹介したい。

4. 日系企業に勤める海外駐在員のコミュニケーションに関する意識

　これまで考察してきたように，日本の外国語教育政策の中では，国際共通語とされる英語がグローバル・コミュニケーションの手段として認識され，英語の4技能を向上させることがコミュニケーション能力の伸長につながるとされている。また，このような教育政策は財界の要望に強く影響されてきた。これは，のちに論じる新自由主義的能力観に基づいていると言える。しかし，実際にグローバルな経済活動の最前線で働いている日系企業の海外駐在員は，どのようなニーズを感じ，どのようなコミュニケーション体験をしているのだろうか。また英語は，実際にグローバル・コミュニケーションにおいて万能なのだろうか。

　これらの点を検証するために，筆者は2010年から2016年まで，日系多国籍企業の海外駐在社員に職場での言語選択，コミュニケーションの体験，海外勤務に必要と思われる技能・能力・態度などについてインタビュー調査を行った。駐在員が英語圏の国に赴任すれば，おのずから主要な使用言語は英語となる。そこでこの研究では，英語がリンガフランカ（共通語）として使われる可能性のあるアジアの非英語圏の3ヵ国——中国・タイ・韓国——に焦点を絞った。アジアに注目したもう一つの理由は，海外進出している日系企業の多くはアジア諸国に現地法人を持っているからである。東洋経済（2017）の調査によると，製造業で現地法人数が一番多いのは中国で全体の22.7%，タイは3位で8.1%，韓国は10位で3.1%となっている。この3ヵ国で全体の34%をしめることになる。

　この研究では，総計35名の海外駐在社員あるいは海外駐在経験社員に現地あるいは日本の職場でインタビューしてきた。これらの駐在（体験）社員が勤務する企業は計12社で，女性は3名のみだった。加えて，駐在員の選考に関わる企業の人事担当者と訪問先の国の現地社員にもインタビューを行った。調査方法の詳細については，久保田（2015a）とKubota（2013）を参照されたい。ここでは駐在員とのインタビューから浮かび上がるコミュニケーション観に焦点を絞ってまとめてみたい。

　まず，複数の社員から聞かれたのは，「ことばはツールである」というコメントだった。これは，「ことばはコミュニケーションのツールなので，正確に

学ばなければならない」という意味ではなく，「ことばは，タスクを達成するためのコミュニケーション・ツールにすぎない」というニュアンスなのだ。

　ここで押さえておきたいのは，これらの社員にとって最大の目標はビジネスの成果を出すことであるという点である。したがって，前述の企業意識調査における記述式コメントの中にもあったように，「語学力以外に海外進出企業が必要としている能力」，たとえば専門知識やスキルなどのほうが語学力そのものより重要視される。つまり，たとえ文法・語彙・発音が完璧でなくても，専門知識・技能の駆使を通じてタスクを達成することが最重要なのである。さらに，ことばはツールであるということは，言語自体を学習することが最終目的なのではなく，それを使って何かをするという意味が含まれる。この点で，ある人事担当者の次のコメントが参考になる。駐在員を選ぶ基準は何かと尋ねたところ，それは明らかに語学ではなく，仕事ができるかどうかとやる気があるかどうかであり，最終目的は仕事をやり遂げることであると言い切った。その意味で「語学は単なるツールの一つ」でしかないのだ。

　さらに，仕事をやり遂げるには，相手とお互いにコミュニケーションを交わそうとする状況を作り出すことが大切であると言える。この点で，次に多少長くなるが，一人の元タイ駐在員がインタビューで語った体験を紹介したい。この社員は他国も含めて通算22年間の海外駐在経験があったが，初めての赴任先がタイだった。赴任して最初の1ヵ月でコミュニケーションの壁を強く感じた。ある晩飲みに行った先で，「タイ人だけでなくイタリア人やフランス人やアメリカ人のお客も来るのにタイ語も英語も話せなくて困っている」と接待役のタイ人女性に打ち明けた。そうするとそのごく普通の，おそらく十分な教育も受けていないであろうタイ人女性は次のように語ったという話を，事前に配付したアンケート用紙に書いてくれた。

　　「誰があなたの顔を見て英語やタイ語を話せると思うか？　あなたがそれらの言葉を話せると最初から思う人は居ない。」この言葉で救われました。同時にそれならば私のやり方でコミュニケーションを取れば通じるはず，必ず通じさせると信念を持つに至りました。日英のコンサイス辞書を持ち歩き，会話の中でわからない単語を英和辞典で相手に引いてもらい確

認をする。そして，こちらも言いたい事を和英辞典で引いて相手に見せて理解をしてもらう。この繰り返しをずっとやってきました。上記のアドバイスの通り，私と違う言語を使う人たちはその様な私のやり方を見た瞬間にそのやり方を十分に理解して極めて積極的にコミュニケーションを図ってくれようと相手も努力してくれます。

さらにこの社員はインタビューの中でこの体験を振り返り，次のように付け加えた。

ことばというのはひとつのツールなので，ペンとかと同じで，書き方によっては書けるし，書けなければ書けるようにすればいいし，ということだと思うんです。

この体験談はコミュニケーション力のいくつかの重要な側面を提示している。これについて次に検討してみたい。

5. コミュニケーション力＝言語力なのか

上記の元タイ駐在員の体験例では，赴任当初，自分はことばができないという思い込みがコミュニケーションを妨げてしまっていた。これは学校教育におけるコミュニケーションが，4技能プラス文法知識を含めた能力として捉えられているうえ，教科教育の中で学習評価をせざるを得ないことに関連していると言える。つまり，測定可能な4技能や文法・語彙の知識習得が学習目標となってしまい，それら「測定できる技能や知識＝ことばができる」という意識が学習者の中にしみこんでしまっているのだ。仲（2012）が指摘しているように，これはコミュニケーション能力の中枢に言語力があるとする見方であり，逆に考えると，言語力（4技能・文法・語彙）がなければコミュニケーションは不可能であるという意識につながってしまう。

しかし，言語力がなければコミュニケーションはまったく成り立たないのだろうか。もちろんことばを使って仕事をするには，ある程度の語学力があるに越したことはない。しかし特に製造現場では，扱うべき現物が手元にあるとい

う点で，言語以外のリソースが常に存在する。Sunaoshi（2005）は米国南部にある日系製造業企業の現場における日本人駐在員と現地アメリカ人従業員の間のコミュニケーションに関して考察している。その中で，「下手にしゃべるよりはやったほうが早い」という日本人駐在マネージャーのコメントを紹介している。裏を返せば，コミュニケーションは言語だけに頼る必要はないことを示している。この現地工場で働く日本人駐在員には高卒の社員も複数おり，英語のレベルは全体的に低かったという。その中で，意思疎通が可能になるためには，お互いの辛抱強さとコミュニケーション・ストラテジーが重要になってくる。この点については，次節で詳しく議論する。

　言語力がなくてもコミュニケーションがうまくいった例は，筆者の行った駐在員とのインタビューの中でも挙げられた。たとえば，タイに工場の立ち上げに最高責任者として赴任した社員は，部下で日本から長期出張してきた社員についてのエピソードを語った。この部下は元ラグビー選手だったという。英語もタイ語もできず，漢字も満足に書けないような社員だったが，ことばの壁を乗り越え，身振り手振りで，生産作業を効率的に行うための環境づくりに積極的に取り組んだ。結局，タイ人の女性社員らからも信頼を受け一番の人気者になったという。

　もう一つの例は，タイに駐在していた女性の社員のエピソードだ。赴任当初のある日，アポイントメントなしで売り込みに出かける「飛び込み営業」に挑んだ。応接室に通されたものの，相手のタイ人は英語も日本語もできず，自分もまだタイ語が話せなかったので「最初5分ぐらい二人で見つめ合って沈黙があった」と言う。しかし，英語で書かれたカタログを見せたりジェスチャーをしたりしながら，最終的にはそのお客から注文をもらった。

　その逆に，語学力があってもコミュニケーションできないエピソードもあった。韓国での駐在体験者は，以前，米国にも駐在していたことがある。そのときの日本人上司は英語が非常に堪能だったのだが，相手が理解しているかいないかも構わず，難しいことばを使って一方的に話しまくったと言う。この上司を見て，「コミュニケーションはことばだけじゃないと思った」と回顧した。

　このように，仕事で日本語以外の手段でコミュニケーションを取らなければならない状況に置かれた場合，必ずしも高い語学力が必要であるとは限らな

い。極端な場合，語学力がなくてもコミュニケーションが取れるのである。逆に語学力があってもコミュニケーションが取れるとは限らない。語学力を越えた能力やスキルが必要なのである。

　ただし，仕事といってもさまざまなタスクがある。たとえば，マネージャーレベルの社員は通訳なしで国際経営会議などに出席しなければならないかもしれない。通訳をつける場合，その通訳者は高い外国語力が必要になってくる。文書やカタログを翻訳するとなると，2言語の高度な読み書き能力が必要になる。ビジネスを離れてほかの状況を見てみよう。たとえば留学して学位を取るとなると，高い外国語能力に加えて学術的思考力や研究技能も必要になってくる。このように語学力といっても，タスクの種類や複雑さ，あるいは状況によって，求められるレベルは異なる。

　しかし，ここで考察してきたような日系企業の一般的な駐在員を念頭に置いて，ビジネスに必要とされる語学力の性質は何か，と問うことにも意義がある。それは，おそらく経営陣より現場で働く社員の数のほうが多いと考えられるからだ。このようなコミュニケーションの場では，テストで測定される文法の正確さや多くの語彙の知識が要求されるのだろうか。実は，一般に職場では予測できる作業の繰り返しが多いので，完璧な言語力は必ずしも要求されないということがインタビューから分かってきた。たとえばある経理担当の社員によると，「アカウンティングなので，基本的に使う単語は似たような単語しか使わない」と言う。そのうえで，通じないときは紙に書いたりフローチャートなどを見ながら説明したりすると述べた。このようなコミュニケーション・ストラテジーは有用な手段であることがインタビューを通じて浮かび上がった。この点に関しては次節でさらに考察してみたい。

　このような語学力は，明らかに学校や大学の教室で学ぶ語学力と異なる。一般的に正規の外国語教育では，4技能の目標を理想的な母語話者能力と同一視し，文法・語彙などの面で規範的で完璧な言語力を求める傾向がある。それに対してこの研究の協力者が職場で使用する言語は，truncated linguistic repertoire（部分的言語レパートリー）（Blommaert, 2010）とも表現される。つまり，切り取られたような完璧ではない語学力ではあるが，高度に機能的な能力である。

外国語教育において，完璧な語学力がない学習者は欠陥を抱えた不完全な言語使用者であると捉えられがちであるが，実生活の中では，どの言語使用者も部分的言語レパートリーを使ってタスクを効率的にこなしている。これは日常ごく自然に見られる現象である。そしてこれは，海外駐在社員のような比較的短期間の滞在者に限らず，新天地で人生を送る移民であっても同様である。Miller（2010）は成人になってから米国に移住し自営業を始めた移民の言語学習体験を聞き取り調査している。高い英語力を習得しようという意欲がある反面，日常的な仕事がらみのコミュニケーションは多くの場合，単純なやりとりの繰り返しであるということが分かった。これらの移民たちが自分たちのエスニック・コミュニティに腰を据えてビジネスを営んでいることもこの現象に関与している。

このようなビジネスでは，必ずしも常に学校で期待される完璧な外国語力が求められているわけではない。それでは，コミュニケーション力とは何を指すのだろうか。どのように捉えたらよいのだろうか。

6. コミュニケーション力とは何か

最初に挙げたタイの元駐在員の例では，実際にビジネスでコミュニケーションが必要な場面に遭遇したときに，どのような能力やスキルが要求されるのかを示唆している。また，語学力があってもコミュニケーションが取れないエピソードも挙げた。それでは，コミュニケーションを成立させるためにはいったい何が必要なのだろうか。

第一に，コミュニケーションを成立させるためのストラテジーである。タイの元駐在員の場合は，英和・和英辞典を持ち歩き，分からないことばを相手に見せながら会話を進めた。当時は1980年代の後半でスマホも電子辞書もない時代だった。しかし現在では，このような機器を介したコミュニケーションが可能である。ただ，それも一種のツールにすぎない。そのツールを使おうとするのかどうか，あるいはどのように使うのかは，コミュニケーションの当事者の意思や意欲にかかっている。

コミュニケーション・ストラテジーは応用言語学において Canale & Swain（1980）が提唱したコミュニケーション能力（communicative competence）の

うちの一つを形成しているストラテジー能力（strategic competence）と重なる。これは言語力不足やそのほか不測の状況によって生じるコミュニケーションの崩れを回避するための，もしくはコミュニケーションをより円滑にするための言語的あるいは非言語的方策である。

　コミュニケーションのための方策はさまざまであり，駐在員とのインタビューで言及された例には，次のようなものがある。ジェスチャーを使う，指さす，ことばを紙に書く，伝えたい内容を絵や図に描く，分かりやすいことばに言い換える，ゆっくり言う，繰り返す，漢字圏では筆談する（漢字を書く）など，言語的・非言語的ストラテジーである。つまり，「相手に分かりやすく，相手の立場に立って説明すること」が求められる。また，これらのストラテジーは，言語教育におけるコミュニカティブ・アプローチの中で教師が学習者に対して理解可能なインプット（comprehensible input）（Krashen, 1985）を与えるための方策と酷似している。このストラテジーの重要さは，次の中国駐在経験のある社員のコメントに明示されている。

　　いくら単語を知っているというよりも，その場面において適切なことばに置きかえられる人間のほうがよっぽどその通じるコミュニケーション力というのは高いのかなという。（中略）われわれのこのコミュニケーションというのは，まあ あるところで文法が合ってなくても相手に通じる，通じる力じゃないですけれども，そんなのが必要なのかなという。

　もう一つの有用なストラテジーは，相手の理解をしっかり確認することである。グローバルに展開する職場では，お互いに，あるいは一方において母語を介さないコミュニケーションが常である。その場合，母語話者同士のやりとりと比べて，お互いの理解度が不十分である可能性がある。たとえば，韓国駐在経験がある社員は，韓国人の社員との日本語を介した会話において，相手の日本語がいかにスムーズであったとしても，理解度に関しては日本語母語話者と比べて6割ないしは7割程度であったという。相手は分かったそぶりをしていても実は完全に理解していないことが多いのだ。このようなコメントはほかの駐在員からも聞かれた。このような場合には，伝えたい内容が確実に伝わった

のか，確認しなければならない。特にモノづくりの現場では，小さな誤解が大きな事業損失につながる可能性があるからだ。このように，実際にタスクを遂行するためのコミュニケーションには，意味を伝え合うための言語的あるいは非言語的方策が不可欠なのである。

　第二に必要なのは，伝えようとする意欲と同時に理解しようとする努力である。話し手と聞き手が歩み寄らなければ，コミュニケーションは成立しない。タイへ赴任したとき辞書を使って意思疎通をしようとした元駐在員は，数年後に米国の西海岸に赴任した際，電話でのコミュニケーションに苦労したと言う。電話では辞書や現物を使うことができないので言語に頼るしかない。興味深いのは，東海岸のアメリカ人顧客は英語が聞き取りづらいとすぐ電話を切ってしまうのに対して，日系企業と多く取引のある西海岸の顧客はこちらの言うことを聞き取ろうとする意識が高かったと回顧したことだ。これは，相互努力がなければコミュニケーションは成り立たないことを意味している。また，前述の英語が流暢な上司のエピソードでは，自分の言い分だけを押し通し，相手に耳を傾ける態度が欠如していたことを示している。つまり，コミュニケーションはキャッチボールであり，ボールの受け手側の理解が不可欠なのだ（仲, 2017; Lippi-Green, 2012）。コミュニケーションを成り立たせるための相互努力は，語学力を越えたコミュニケーションへの意欲や心構えを示している。

　第三に，駐在員たちがグローバル社会で仕事をするにあたって必要な資質について尋ねたところ，自他の文化に対して興味を持つことや，相手と信頼関係を築くことが挙げられた。その基本となるのは，偏見を持たず差別をしない態度である。インタビューに応じてくれた駐在員たちにとって，多くの場合，ビジネスの相手はアジア諸国の人々だった。その際，アジアと日本との文化的・歴史的・政治的関係についての認識も，そのようなポジティブな態度のかなめになる。たとえばある韓国の駐在員は，子どものころ祖父母から日本が戦時中に中国や韓国の人々に対して行ったことについて聞かされており，それをもとに「韓国の人と仲良くしようというふうな，そういうふうな形でお客さんとも，こちらの従業員とも触れるように努力してます」と語った。インタビューに応じてくれた駐在員たちのこれらの意識を「越境コミュニケーション」の資質と呼び，Kubota（2013）にまとめて示している。

ここで，一つの疑問が生じる。すでに考察したように，1980年代からの国際化やグローバル化言説に呼応して英語が国際共通語として重要視され，コミュニケーション能力が英語教育の中核に据えられてきた。さらに英語教育政策では「コミュニケーション」が重視されてきた。しかしすでに指摘したように，「コミュニケーション」は従来の4技能に置き換えられ，テストで測れる英語力の強化が叫ばれてきた。そしてこの英語一辺倒の教育政策は，財界の要望に応えるものだったのだ。

ところが，前述の「グローバル人材育成の推進に関する政策評価書」(総務省, 2017) の記述式コメントでも，筆者が行った駐在員のインタビューでも明らかなように，実際に海外で働く日本人社員は英語のみを使うわけではないし，教室学習を通じて身につけるような正確な語学力が必要だと考えているわけでもない。実際，仕事とTOEICの点数は関係ないというコメントはインタビューの中でも何回か聞かれた。つまり，英語教育政策に影響を与えてきた「財界の要望」は，企業の海外要員の実体験とはすべて合致しているとは言えないのである。それはなぜなのか。

一つの可能性は，財界の要望がエリート経営陣の要望を代弁しているのではないかという推測である。つまり，社員は企業の上層部に登るほど国際会議などの正式の場面で英語を使って積極的に議論に参加することが求められる。その場合はある程度の高い英語力，特に聞く・話すのスキルが必要になるだろう。この可能性については，さらに検証が必要である。

もう一つの推測は，財界の要望が英語学習産業を発展させることにつながることである。つまり，英語教育を充実させることで，経済の活発化を促す可能性である。恩恵を受けるのはテスト産業・出版業界・ネイティブ教師の派遣業・留学斡旋業など多岐に及ぶ。英語教育と財界とのつながりはこのような利権構造が関与しているのかもしれない。文部科学省が2015年に設置した「英語教育の在り方に関する有識者会議」は一例と言えるだろう。提言の中には，小学校英語教育の強化や大学入試における4技能の評価，ならびに民間試験の利用などが含まれるのだが，阿部 (2017) によると，この有識者会議のメンバーには財界人が多く名を連ね，特に楽天株式会社の三木谷浩史などの発言力が強かったことが議事録からうかがわれるという。さらに江利川 (2018) は，

上記の大学入試に関して，中央教育審議会が別個にまとめた提言を受けて文部科学省が2015年に発足させた「英語力評価及び入学者選抜における英語の資格・検定試験の活用促進に関する連絡協議会」の委員には，日本英語検定協会をはじめ各民間試験の代表者やベネッセなどの利害関係者も含まれていたことを指摘している。

さらに，財界の英語教育強化への要望が教育政策の中に取り込まれていく中で，その政策の推進が文部科学省の予算確保の理由づけになるという点も指摘できそうだ。このような背景に関しては，今後検証する必要がある。

7. コミュニケーション力と新自由主義

グローバルな職場で実際に働いている企業社員が体験するコミュニケーション力は，文部科学省が描くコミュニケーション能力とは必ずしも重ならないことが明らかになってきた。それでは，このコミュニケーションという概念をさらに広くイデオロギー的枠組みから考察することによって，このずれを考えてみたい。

まず，現代の資本主義経済は新自由主義に影響されている。新自由主義は自由市場経済を基本として，規制撤廃や民営化を通じて競争主義や成果主義に基づく自由な経済活動を活発化させ，効率性や利潤を高めることを目的としている。企業にとって競争力を高めるための一つの方策は労働コスト削減であり，そのために日本では戦後の終身雇用を基本とした雇用形態からより柔軟な非正規雇用が増大した。また，技術革新により現代の産業を支える労働は肉体労働型から頭脳労働型に移行しており，産業構造はいわゆる知識経済に立脚していると言われている。

このように，グローバル化とともに成長してきた新自由主義経済は，さまざまな問題点も生んでいる。モノ・情報・サービスへのアクセスは増大したものの，同時に社会福祉や労働運動の縮小を伴い，経済格差が拡大しているのだ。近年は貧困問題も深刻化している。

このような不安定でかつ頭脳労働を重視する雇用状況，および競争主義のもとで，何が労働者に求められるのだろうか。それは，知識や技能を自己責任で身につけることである。その技能の中でもコミュニケーション能力は一つの重

要な「人的資源」と捉えられている（Block, Gray, & Holborow, 2012）。言語教育におけるコミュニケーションの重視はこの新自由主義の能力観を反映していると考えられる（Park, 2011; 久保田, 2015a; 2015b）。さらに，新自由主義的教育には，民営化や成果主義が持ち込まれており，テストによる学習成果の測定はアカウンタビリティーを満たす指針となっている。前述のように，日本では2020年から大学入試の英語テストに民間試験が使われることになっているが，これも成果主義ならびに民営化による利潤追求にもとづいていると言える。

したがって，近年の英語教育政策におけるコミュニケーションの重視は，新自由主義的グローバリゼーションのイデオロギーのもとで高まった「英語＝国際共通語＝グローバル・コミュニケーション」，また「英語力＝グローバル人材」という認識に根ざしていると言える。さらに，コミュニケーション重視は，このイデオロギーの一部である成果主義が推し進める4技能の語学力測定に裏付けられており，その測定は資本主義的利潤をもたらす民間試験を介して行われるのだ。このように考えると，英語教育政策において「イデオロギー的」に概念化されるコミュニケーションと，企業で活躍するグローバル要員の「実体験」に基づくコミュニケーション——言語の正確さよりストラテジーや態度の重視——との間に存在するずれが納得できる。つまり，4技能と同一視される新自由主義的コミュニケーションは一種のイデオロギーであり，いわゆる虚偽意識を形成している（O'Regan, 2014 参照）。そして，実際の労働者が遭遇する現実のコミュニケーションと合致しないのだ。

しかし，インタビューに応じてくれた駐在員が持つ多様性に対する肯定的な態度や積極性は，新自由主義のもう一面を反映している。それは，新自由主義的多文化主義という概念である（Kubota, 2016a; Kymlicka, 2013）。これは近年聞かれるようになったダイバーシティ・マネジメントという概念と重なり合う。ダイバーシティ・マネジメントとは，多国籍化した企業が必然的に抱える個人や集団間の多様性を積極的に活かし，企業戦略として利用することで，競争力を伸ばし利益につなげようというアプローチである。もちろんこの戦略には，多様性に寛容で多様性を活かすコミュニケーションも含まれる。したがって，広い観点から見ると，駐在員たちの体験談やコミュニケーション観はこの

新自由主義的イデオロギーに合致していると言える。実際，インタビューの回答者の多くは企業の人事担当者から紹介してもらった社員である。したがってこれらの社員は，模範的なグローバル要員であると言える。逆に，現地の従業員とうまくいかない場合や文化的に適応できなかった場合は，日本に呼び戻されるというケースもインタビューの中で言及された。

　インタビューに応じてくれた企業海外駐在員たちは，労働者ではあるが，同時に新自由主義を担う模範的かつエリート・グローバル人材である。これらの社員が持つコミュニケーション観を学校英語教育に持ち込むことは傲慢であるという誹りを受けるかもしれない。学校で学ぶ生徒たち全員が大企業に就職し正規雇用されるわけではないし，ましてや全員が海外勤務をするわけでもない。この現実を直視すると，新自由主義的な学習目的を超えた学習の究極的ねらいをすべての生徒・学生のために打ち立てなければならない。それでは，コミュニケーションに関してほかにどのような目的を考慮するべきなのだろうか。最近の言論空間における問題をもとに考察してみる。

8. 「言論の自由」濫用時代におけるコミュニケーション

　近年，インターネットを通じて，あるいは公の場で，ヘイト的なことばをよく目や耳にするようになってきた。海外でも2016年に選出されたトランプ米大統領が公然とさまざまな差別発言をしている。一方，日本ではそれより10年前に在特会（在日特権を許さない市民の会）が発足し，各地で在日韓国・朝鮮人や在日外国人を標的としたヘイトデモを繰り広げてきた。ヘイト言動の背景には，経済格差があるのではないかと憶測されている（安田, 2012）。つまり，非正規雇用が拡大し格差が広まる中で，弱者の立場に置かれた若者たちが，さらに社会的に弱い立場の人々に向けて憎悪感情を発散させているのではないかというのである。

　このような問題に対して，日本政府は2016年に，「ヘイトスピーチ対策法」（「本邦外出身者に対する不当な差別的言動の解消に向けた取組の推進に関する法律」）を施行するに至った。しかし罰則はないうえ，法律名が示すように差別解消の対象は限定されており，日本国内で暮らすほかの被差別集団——アイヌ民族・沖縄県民・被差別部落民など——には適用されない。

差別的スピーチを法律で取り締まるべきかどうかは日本国憲法第21条が定める言論・表現の自由とのかねあいがあり，単純な問題ではない。しかし，言語教育の視点から考えると，この問題はコミュニケーションの倫理的側面に重要な課題を投げかけている。

 前述の研究調査の中では，インタビューに応じてくれた企業駐在員たちにとって，ことばは業績につながるタスクを達成するためのツールであった。しかし，このような機能的な役割を超えて，ことばにはいくつかの倫理的あるいは象徴的役割がある。一つは，自他を結びつける道具となり，相互理解や共感へ導いてくれる役割である。しかしもう一方で，ことばは他人を排除したり傷つけたりする武器ともなり得る。

 山本（2013）は，あるYouTube動画につけられたオンライン・コメントを分析している。この動画はフランスのテレビで放映されたJ-Popに関するルポルタージュ番組の録画だった。分析されたコメントは総数1,000を超え，複数言語が使われていた。コメントの中には複数の言語を混ぜて使っていたものもあったが，日本語が使われていたコメントは約半数でフランス語と英語もそれぞれ3割程度使われていた。中には批判や誹謗中傷的なコメントもあり，いわゆる炎上が見られた部分もあった。その内容は，一定の国民を他者と見なし××人あるいは××国を見下したりするコメントだった。これらの侮辱的コメントは英語で書かれており，使われた英語には誤用が多いことから，書き手は英語の非母語話者あるいは学習者であろうと山本は推測している。さらに山本は，学習言語が他者を攻撃する武器となり得ることについて問題提起し，次のように述べている。

　　「使えるようになる」「言いたいことを言えるようになる」ことばかりを重視した言語学習／教育の問題点が迫ってくるのではないか。

 このようなネット環境での炎上に見られるようなあからさまな誹謗中傷でなくても，特定の外国に対する否定的な感情は言語学習者の意識の中に現れることがある。たとえ英語が国際共通語であるとしても，英語の学習者の中には，世界中のすべての人々に対して心を開いているとは言えない者もいるのだ

（Kubota, 2016b）。

　言語教育におけるコミュニケーションを倫理問題や感性の面から捉えるとき，相手あるいは他者に対してどのような態度で接するべきなのか，自己を他者との関係に置いたときに，自己の持つ特権あるいは自己が受ける抑圧を意識化できるのか，その意識をどのように言語化するのかというクリティカルな問いが不可欠になる。これらの問いが投げかける内省的価値観や寛容性は，利潤追求を最終目標とする新自由主義的多文化主義の価値観と表面的には類似しているかもしれないが，根本的には異なるのではないだろうか。

9.　おわりに

　本章では，言語教育，特に英語教育におけるコミュニケーションという概念を，教育政策面，ビジネスでの実践面，新自由主義的イデオロギー面，そして倫理・情緒面から検討した。言語教育政策では，グローバル人材育成の中核に据えられるはずのコミュニケーションが測定可能な4技能に閉じ込められてしまっていることを指摘した。それに対して，実際の企業で活躍するグローバル人材は，コミュニケーションを異なる意味で捉えていた。それは，意思疎通と相互理解のためのストラテジーや態度などを含む「越境コミュニケーション」の手段であった。しかし，これらの海外駐在員のコミュニケーション観は，新自由主義的多文化主義と重なり合い，経済成長を支えるエリート層の手段となっていると言える。それに対して，資本主義の利潤追求からコミュニケーションを切り離して倫理的・情緒的な側面を考えたとき，コミュニケーションが他者を傷つける武器となってしまう危険性も認識する必要がある。

　それでは，言語教育でコミュニケーションをどのように実践していったらよいのだろうか。4技能中心で動くテスト主義の教育現場では，この制度を変えない限り，たとえ仮に教師がそれに抗うとしても，学習者たちへの支援にはつながりにくい。ただ，海外駐在員が実際に必要とするコミュニケーション力を指導に取り入れることは，たとえ資本主義進展の手段であるにしても，他者とつながるための有用な方策となるかもしれない。それに加えて，どの学習言語であっても，単に「言いたいことを言えるようになる」ことだけに執着したコミュニケーション観ではなく，他者とともに平和で公正なグローバル社会を構

築していくための内省的で倫理的なコミュニケーションを模索しなければならない。

　そのための一つの可能性は，批判的内容重視の外国語指導である（Kubota, 2012; 佐藤・高見・神吉・熊谷編, 2016）。このアプローチでは，ことばの学習を社会・文化・歴史問題の内容理解に埋め込むと同時に，社会における支配・抑圧の権力関係やイデオロギーへの気づきを促し，人権・環境・平和など人類が直面している問題と真摯に向き合うことをめざしている。このような実践を通して，グローバル社会により密着したコミュニケーション観を模索・推進していくことが今後の課題となるだろう。

参考文献

阿部公彦（2017）.『史上最悪の英語政策——ウソだらけの「4技能」看板』ひつじ書房.
江利川春雄（2009）.『英語教育のポリティクス——競争から協同へ』三友社出版.
江利川春雄（2018）.『日本の外国語教育政策史』ひつじ書房.
久保田竜子（2015a）.「アジアにおける日系企業駐在員の言語選択——英語能力至上主義への疑問」『ことばと社会』*17*, 81-106.
久保田竜子（2015b）.『グローバル化社会と言語教育——クリティカルな視点から』くろしお出版.
佐藤慎司・高見智子・神吉宇一・熊谷由理（編）（2016）.『未来を創ることばの教育をめざして——内容重視の批判的言語教育（Critical Content-Based Instruction）の理論と実践』ココ出版.
総務省（2017）.「グローバル人材育成の推進に関する政策評価書」<http://www.soumu.go.jp/menu_news/s-news/107317_00009.html>
仲潔（2012）.「〈コミュニケーション能力の育成〉の前提を問う——強いられる〈積極性／自発性〉」『社会言語学』*12*, 1-19.
仲潔（2017）.「期待はずれの学習指導要領」藤原康弘・仲潔・寺沢拓敬（編）『これからの英語教育の話をしよう』（pp. 101-136）．ひつじ書房.
安田浩一（2012）.『ネットと愛国——在特会の「闇」を追いかけて』講談社.
山本冴里（2013）「日本発ポップカルチャーを巡って交錯する／せめぎあう境界——ルポルタージュ「日本マニアの幾つかの肖像」へのコメント分析」『日本研究』*47*, 171-206.
Block, D., Gray, J., & Holborow, M. (2012). *Neoliberalism and applied linguistics*. Abingdon, U.K.: Routledge.
Blommaert, Y. (2010). *The sociolinguistics of globalization*. Cambridge University Press.

Canale, M., & Swain, M. (1980). Theoretical basis of communicative approaches to second language teaching and testing. *Applied Linguistics, 1*, 1-47.

Krashen, S. (1985). *The input hypothesis*. London, U.K.: Longman.

Kubota, R. (2012). Memories of war: Exploring victim-victimizer perspectives in critical CBI in Japanese. *L2 Journal, 4*, 37-57. Available from http://escholarship.org/uc/item/2c88h039

Kubota, R. (2013). "Language is only a tool": Japanese expatriates working in China and implications for language teaching. *Multilingual Education, 3*(4). Available from http://www.multilingual-education.com/content/3/1/4

Kubota, R. (2016a). The multi/plural turn, postcolonial theory, and neoliberal multiculturalism: Complicities and implications for applied linguistics. *Applied Linguistics, 37*, 474-494.

Kubota, R. (2016b). Neoliberal paradoxes of language learning: Xenophobia and international communication. *Journal of Multilingual and Multicultural Development, 37*, 467-480.

Kymlicka, W. (2013). Neoliberal multiculturalism? In P. A. Hall, & M. Lamont (Eds.), *Social resilience in the neoliberal era* (pp. 99-126). Cambridge University Press.

Lippi-Green, R. (2012). *English with an Accent* (2nd edition). New York, NY: Routledge.

Miller, E. R. (2010). Agency in the making: Adult immigrants' accounts of language learning and work. *TESOL Quarterly, 44*, 465-487.

O' Regan, J. P. (2014). English as a lingua franca: An immanent critique. *Applied Linguistics, 35*, 533-552.

Park, J. S.-Y. (2011). The promise of English: Linguistic capital and the neoliberal worker in the South Korean job market. *International Journal of Bilingual Education and Bilingualism, 14*, 443-455.

Sunaoshi, Y. (2005). Historical context and intercultural communication: Interactions between Japanese and American factory workers in the American South. *Language in Society, 34*, 185-217.

第3部

言語教育実践編

第二言語学習者が教室で「わたし」を語るとき ...... 義永 美央子
戦争の記憶を読む・語る ...... 芝原 里佳
コミュニケーションの「デザイン者」をめざして ...... 此枝 恵子
越境を支えるビジネス日本語教育 ...... 三代 純平

第5章

第二言語学習者が教室で「わたし」を語るとき

―日本で学ぶ大学院研究留学生の事例から[注1]

義永 美央子

1. はじめに

　コミュニカティブ・ランゲージ・ティーチング（Communicative Language Teaching; CLT）[注2]は，ヨーロッパでの教育の民主化のうねりや応用言語学における蓄積，北米での伝達能力（communicative competence）に関する議論や社会言語学，機能言語学をはじめとする言語研究の展開を受けて発展してきた，コミュニケーションを中心とする言語教育に関する理論や実践の総体である。CLTの発展の経緯や日本での受容については，熊谷・佐藤論文（第1章）や百済・西口論文（第2章）で詳しく論じられているが，本章では学習理論における学習観の転換がCLTに与えた影響について紹介する。そして，教室を一つのコミュニティと捉え，その中での自己表現を通じてことばを学ぶアプローチの可能性と，学習者による自己表現がどのようにして可能になるのかについて検討してみたい。以下2節では，社会文化理論に基づく学習観を紹介し，言語教室を一つのコミュニティと捉えたうえでそこでの自己表現を促す教育実践について，これまでの議論をまとめて紹介する。3節では，大学院研究留学生のための予備教育として設置された日本語集中コースで，筆者が行っていた

注1　本章は，『リテラシーズ』20号に掲載された筆者の論文（義永, 2017）と2016年9月の日本質的心理学会シンポジウムにおける筆者の発表「第二言語の教室における「ナラティブ」の利用—日本語を学ぶ研究留学生の発表活動を例として」の一部に加筆修正を行ったものである。また，本稿の執筆にあたり，JSPS科研費 16H03435 および 16K13243 の支援を受けた。

注2　CLTは日本語の文献では「コミュニカティブ・アプローチ（Communicative Approach; CA）」と呼ばれることが多い。本章ではCLTとCAを特に区別なく扱う。

実践の概要を紹介する。4節で，日本語集中コースの修了発表での「語り」がどのように構成されていたかを，教員の方向づけ，モデル・ストーリーやマスターナラティブの利用，教科書の利用，複数言語の利用，の4点から検討したうえで，5節では，修了発表で見られるアイデンティティ交渉の諸相について考察する。6節はまとめである。

2. コミュニティとしての言語教室と自己表現

　CLTの成り立ちや具体的な教授方法をまとめたRichards & Rodgers（1986）は，「初期のCLTの文献では，言語のコミュニケーション的な側面について多く言及されているのとは対照的に，学習理論についてはほとんど何も書かれていなかった」（pp. 71-72, 筆者訳）と述べている。Communicative Language Teachingという名前が示すように「コミュニケーションの手段としての言語を教えること」がCLTの主眼であり，それがどのように学ばれるかについての議論は非常に少なかったと言える。しかし同書の第3版であるRichards & Rodgers（2014）では，上記の記述に加えて，相互行為理論や社会文化的学習理論（sociocultural learning theory：本章では社会文化理論とする）[注3]に基づく創造的構築仮説（the creative-construction hypothesis）が紹介されている。社会文化理論はヴィゴツキーの心理言語学，バフチンの言語哲学，状況論など，さまざまな思想的系譜を持つアプローチの総称である（根本, 2012）が，これらの研究に共通しているのは，学習を状況に埋め込まれた関係性の中で捉えようとすることであろう。社会文化理論以前の学習観では，学習は個人が頭の中に知識を蓄えていく過程と考えられていた（個体能力主義：石黒, 1998）。これに対して社会文化理論では，学習はあるコミュニティへの参加の過程であり，より経験のある他者との相互作用を通じて達成され，その過程で学習者は自らのアイデンティティや他者・環境との関係性をも変化させていく，と考える[注4]。

注3　社会文化的アプローチと呼ばれることもある。

注4　Sfard（1998）は，前者のような学習の捉え方を習得メタファー（acquisition metaphor），後者を参加メタファー（participation metaphor）と呼び，学習を両方の側面から検討していくことの重要性を主張している。本章は主に後者の視点から，第二言語話者による教室での語り（自己表現）

本書百濟・西口論文でも指摘されているように，CLTによる言語教育では，真正（authentic）なコミュニケーションを行うことが教室活動の目標の一つとされた。そのため，学習対象の言語が話されるコミュニティ（たとえば「日本語」なら「日本社会」）において自然に行われているコミュニケーションの場面（レストランで注文する，人に道を聞く，パーティへの誘いに応じたり断ったりする，など）を設定し，そうした場面におけるコミュニケーション上の目標を達成するための練習，すなわち言語表現とその機能を理解し，使用できるようになるための教育活動が種々考案された。つまり，教室の外に「学習者が参加すべきコミュニティ」が確固として存在することを前提としながら，コミュニティの新参者である学習者がそこでの話し方や振る舞い方を学び，当該コミュニティに適応していくことを支援するのが教員の役割とされたのである。

　しかし近年の日本語教育に関する議論において，こうした教育観はいくつかの側面から批判を受けることになる。その一つは，オーソドックスなカリキュラムに含まれる「個体主義的で表象主義的な学習観」や「知識の物象化（カリキュラムにあらかじめ指定されている文型・文法事項だけが学習事項とされ，それ以外は指導の対象とされない）」に関する批判（西口，2004）である。西口（2004）は，従来の日本語教育では，個々の授業に事前に割り振られた学習言語事項を使うように「学習者の思考を押し込」め（p. 102），学習者が自律性のある行為主体として言語的相互行為を行う機会を奪っていると主張する。そして，第二言語教育の教室活動は学習者が「第二言語でも相互行為ができるわたし」という新たな熟練のアイデンティティを有効に形成するための学びの経験を提供すべき場であるとし（p. 105），その具体例として「自己表現中心の入門日本語教育」の構想を示している。この構想では，1）日本語の口頭表現の基礎的能力を身につける，2）一定のテーマの範囲で自分のことについて話せるようになる，3）同様のテーマの範囲で相手が自分のことについて話すのを，必要に応じてコミュニケーション・ストラテジーを使って理解しつつ会話ができる，の3点を教育目標とし，「おのおののアイデンティティや世界観を協働

を検討するが，前者のような学びのあり方を否定するものではない。

的な相互行為の中で表明して，それを教室の仲間の間で共有することにより，日本語教室という場に個性豊かな諸個人で形成される「私たちの共同体」を構築するという実践」（p. 114）を行うとされている。この観点から，「わたしを語る」という実践に参加することを通じた言語学習が標榜され，「学習者自身が自分として主体的に語り，相互に語り合う機会を十分に提供すること」（西口, 2015: 215）が重要と考えられている。

　もう一つの側面は，社会や文化の中に含まれる多様性を捨象し，類型化することへの批判である[注5]。細川（2012）は「文化」を「社会」に属するものとして固定的に捉えることで，一人ひとりの個人が見えなくなる「ステレオタイプの罠」（川上, 1999）を指摘し，「人間を集団類型的に認識しないことによって，個と個の関係が創造的な関係になりうるような，そうした認識」（細川, 2012: 95）の必要性を主張する。そして，個人の中にある不可視知（情緒的な感覚・感情としての暗黙知，論理的な言語知（内言），およびそれらを支える場面認識等のすべてを含む，人間の内的構造）の総体である「個の文化」をどのように引き出し，発信させるかが言語文化教育の課題だと考える。このことが，「集団類型化への自覚によって，一対一対応のコミュニケーションの重要性を認識し，そのことによって自らの責任と立場（個の文化）を形成しつつ，人と人との信頼が結べるようなコミュニケーション活動の力を身につけることこそ，言語学習がめざすものだという言語文化教育の理念」へとつながるのである（細川, 2012: 97）。上述した西口の「自己表現中心の入門日本語教育」に対して，細川は「総合活動型日本語教育」を提唱し，学習者一人ひとりの中にある「ことばの芽」を育てるために，「学習者が何を求めているのか，またそれはなぜなのかを考え，学習者の目的達成と自己表現能力育成のための環境をつくり出すこと，すなわち言語学習環境のための設計と組織化および支援を行うこと」（細川, 2004: 17）が教室担当者の仕事だと述べている。

　西口と細川の主張は，学習言語項目を一定程度あらかじめ決定しておくことを認めるかどうかや，文化教育をどの程度重視するか（新井, 2004）といった

注5　この点について義永（2017）は，CLT の議論が教室という空間の中での教員と学習者，あるいは学習者同士のコミュニケーションへの注目を促した一方で，複数のコミュニティを行き来しながら生きる学習者への注目が不足していたことを指摘している。

点で異なるが，ともに従来の日本語教育実践における「教育内容の自己目的化」（西口，2004: 99），「目的主義」（細川，2012: 238）を強く批判し，個人間のコミュニケーションや，その前提としての自己表現，そして教室を自己実現を可能にするコミュニティと捉えることを重視している。教室での具体的な自己表現がどのような過程を経て実現されているかは，細川・NPO法人「言語文化教育研究所」スタッフ（2004）や矢部（2004）などで報告されており，「学習者の〈声〉を掘り起こして発しさせ，響き合わせる」（矢部，2004: 24）ことや，「オリジナリティのある言葉で語り，他者の意見を取り入れ，一貫性のある議論をする」（三代，2004: 112）表現活動を通したコミュニケーション能力育成の重要性が指摘されている。

筆者はこれまで，2007年度から2015年度までの約10年間，大学院進学をめざす国費研究留学生を主な対象とした日本語集中コースを担当し，入門クラスのコーディネーターを務めていた。このクラスでは自己表現を中心とした学習活動が種々企画・実施されていたが，本章では特にコース運営上重視される一方，さまざまな葛藤が現れがちであった「修了発表」に注目し，日本語学習者が，第二言語である日本語を用いてどのように「わたしを語る」実践を行っていたかについて検討する。本章は研究者である筆者自身が担当していたコースを分析対象にして批判的に振り返るという点で，実践研究の一つと位置づけられる（細川・三代編，2014）。

3. 基礎日本語教育において「わたし」を語ること――研究留学生の「わたしの専門」発表を例として

3.1 コースの概要

本章で分析の対象とする日本語集中コース（以下，集中コース）は，国費研究留学生を主な対象とした大学院進学予備教育課程である。集中コースにはレベル別に複数のクラス（春学期は4クラス，秋学期は3クラス）が設置されているが，筆者はそのうちの入門クラスの授業，およびコーディネーターを担当し，非常勤講師と大学院生のTAとのチームティーチングにより教育活動に従事していた[注6]。学習者は日本語学習経験がほぼゼロの状態で来日し，来日後す

注6　学期や年度により異なるが，2015年度の場合，コーディネーターである筆者に加え，非常勤

ぐに集中コースに配置される。具体的なコースデザインとしては，週15コマ（1コマ90分），15週間の集中的な日本語学習を通じ，おおむねCEFRのA2レベルまで到達することを目標としている注7。

　このコースに参加する研究留学生は，研究室に所属して研究活動を行い，最終的には学位取得をめざす留学生である。全員が母国等で大学または大学院を卒業・修了しており，日本留学の前に医師，弁護士，公務員，大学教員など，専門的な職業に就いていた者も多い。研究留学生は，細かく見れば博士前期課程と後期課程，理系と文系といった違いがあるが，全体としては大学生活や研究に必要な日本語を学びたいと考えており，本格的な研究活動に入る準備としての日本語学習が求められる点で，比較的明確なニーズを共有している。また，専門家としてのアイデンティティを強く持ち，知的欲求の高い学習者が多いことも特徴である。年代は20代〜30代前半が中心であるが，30代後半〜40代前半の学習者もわずかながら在籍していた。専門は文系・理系・医歯薬系と多岐にわたり，出身国も東南アジア・東アジア・南アジア・中東・アフリカ・ロシア・ヨーロッパ・中南米とさまざまである。全員が母語または第二言語として英語を話すことができる。

　来日当初の研究留学生にとって，母国とは言語や文化が異なる日本の大学院生活に十全に参加することは大きな課題である。したがって日本語学習においても，今後の研究コミュニティへの参加を念頭に置いた活動をデザインすることが重要である。また集中コースに所属する研究留学生は，平日の日中のほとんどの時間を日本語の教室で過ごすことから，日本語教室を一つのコミュニティと捉え，メンバー間の関係性を深化させていくことも必要であろう。教室のメンバー間に親しく共感的な関係性が構築された場合に日本語学習への動機づけが高まる傾向が見られることからも（Arnon・義永, 2015），具体的な目的や内容を共有し，関係性が深められるような活動を日本語教室コミュニティの中で実践し，協働的な学習環境の構築をめざすことが求められる。

　　講師4名とTA4名が入門クラスの教育を担当していた。また在籍者の多い春学期には，入門クラスを文字（ひらがな・カタカナ）の既習者対象と完全な未習者対象の2クラスに分けている。
注7　集中コースにおけるコースデザインの詳細については，義永（2013）参照。

3.2 コースの学習内容とその課題

　前節で述べた学習者の特性やコースの目的を踏まえ，集中コースでは自己表現を中心に据えた学習活動，具体的にはテキストの学習とプレゼンテーションによる自己表現活動を通じて，大学院での研究生活に必要となる基礎的な日本語に習熟することをめざしている。テキストに基づく学習では，『NEJ: A New Approach to Elementary Japanese　テーマで学ぶ基礎日本語』Vol. 1, Vol. 2（西口光一著，くろしお出版，2012）（以下，NEJ）をメインテキストとしている。NEJ では 3 名の登場人物が自分について語るマスターテキスト（自分の生活や経験，考えについての語り）の中に主要な文型・文法事項が系統的に提示されており，学習者はマスターテキストを学習したのち，登場人物の言葉遣いを適宜流用しながら学習者自身についての自己表現活動を行うことが期待されている。さらに学期の最後には，プレゼンテーション（修了発表）の実施がコース修了要件として義務づけられている。修了発表は，1 人 10 分（質疑応答を含む），パワーポイントなどのプレゼンテーションソフトを用いながら「わたしの専門」について話すものである。修了発表の準備期間は約 4 週間で，4 週間の前半は週 2～3 コマ，後半は週 5～6 コマ程度を準備にあてている。「わたしの専門」という共通テーマの下，具体的なタイトルや内容は学習者自身が選択・決定し，教員は発表の構成や日本語の適切な使用について助言を与える形で学習者を支援している。上述の通り，修了発表はコースの修了認定の基準とされる重要な活動である。その反面，修了発表は 15 週間のコースの中で最も葛藤が現れやすい活動でもあった。

　葛藤の第一は，テキストに基づく日本語学習活動と発表との接続に関わる問題である。集中コースでは，15 週間で 2 冊のテキスト（全 24 ユニット）のほぼすべてを学習するため，かなり濃密で進度の速いカリキュラムが組まれている。そのため，特にコースの後半では，「学習項目の理解に時間がかかり，本来中心に据えるべき自己表現が十分できないままに次のユニットに進まなければならない」といった問題がしばしば生じていた。そのうえ発表が課されるため，学習者と教員の双方から「テキストの学習と発表の準備を並行して進めるのが負担だ」という指摘もあった。

　葛藤の第二は，「わたしの専門」という発表のテーマ設定に関わる問題であ

る。「わたしの専門」は,研究留学生にとって非常に重要かつ話したい内容が豊富にあるテーマである一方で,専門知識と日本語力のギャップの大きさから,「わたしの日本語では十分話せない」というフラストレーションを持つ学習者も少なからず存在した。また,日本語教員からは,「学習者それぞれの学問領域の専門家ではないので,指導が難しい」との声があがっていた。

　筆者はコーディネーターとして,学習者・教員の双方から聞かれるこれらの葛藤をどのように解決すればよいか,試行錯誤を続けていた。集中コースの修了発表は,筆者がコーディネーターを担当する以前から,自分の研究内容について日本語で発表し,今後の研究活動で必要とされるプレゼンテーションを疑似体験することを目標として設定されていた。しかし,日本語学習歴が(ほぼ)ゼロの状態から学習を開始した研究留学生の場合,研究内容そのものを詳細に語るには,まだ日本語力が十分に追いついていない状況がある。また,コース全体の目標が「自己表現」であることから,研究者(の卵)としての自己表現を促しながら,自らの人生の道筋を振り返る機会とし,研究室での学びと日本語の学びをつなぐことが重要であると考えるようになった。そこで,修了発表を「わたしの専門」そのものではなく,自己表現活動を中心に据えた日本語学習の最終的な成果として,「研究者(の卵)としてのわたし」について語る活動として位置づけ直すことを試みた。本章で分析する学習者の語りは,このような位置づけ直しを行った後の修了発表で見られたものである。次節以降,修了発表の準備および実施の具体的な過程と,今回分析したデータについて説明する。

3.3　発表準備の過程

　修了発表の準備・実施の過程は,以下のようになる。

　　(1) 発表の趣旨説明,アウトラインの作成
　　(2) 用語リストの作成
　　(3) 発表用スクリプト,スライドの作成
　　(4) 発話練習,質疑応答の練習,リハーサル
　　(5) 発表会の実施

（6）フィードバック

以下，(1) から (6) について順に説明する。

(1) 発表の趣旨説明，アウトラインの作成

　まず，修了発表は「研究者（の卵）としてのわたし」について語る活動であることを説明し，前学期の発表のビデオを見せた。そして，「あなたは日本に来る前，どんな研究（仕事）をしていましたか。どんなことに役に立ちますか」「あなたの仕事や研究は，何がおもしろいですか。何がたいへんですか」「どうして日本・大阪大学に来ましたか」「集中コースの日本語の勉強が終わったら，どんな研究をするつもりですか」「日本での留学が終わったら，どうしますか」といった，これまでの経験やライフプランに関する質問を提示し，それらへの答えをまとめる形で発表の構成を考えるように促した。ただし，上記の質問はあくまで例であり，すべての質問に答える必要はなく，また学習者が自分で別の質問を追加してもよいとした。

(2) 用語リストの作成

　発表で用いそうな用語（特に自分の研究分野に関連するもの）のリストをまず英語で作成し，その日本語訳を調べる課題を出した。用語リストを作成するときには，研究室の先輩や友達などに相談して，日本語訳が適切かどうか確認してもらうように伝えた。(1) と (2) の段階については，原則としてコーディネーターである筆者が導入・説明を担当したが，スケジュールの都合により，チームティーチングを行うほかの教員（非常勤講師）に依頼することもあった。

(3) 発表用スクリプト，スライドの作成

　(1) で作成したアウトラインに基づき，各自で発表用のスクリプト（原稿）とスライド（パワーポイントなどのプレゼンソフトを使用）を作成した。スクリプトとスライドは，同時進行で作成する者とどちらかを先に作成する者がいたが，どのように進めるかは学習者の判断に委ねている。基本的には，発表準

備のためのクラスで個別に準備を行い、学習者が、教員のアドバイスが必要と感じた段階で教員にスクリプトやスライドを見せ、教員が確認しコメントを与える形で進めた。また2015年度には、発表会の1週間前をめどに、学習者が準備したスクリプトを各自の指導教員にメールで送り、指導教員の視点からのコメントをもらうようにした。

以下の例は、学習者が書いたスクリプトの一部である。いわゆる文法・文型としては授業で学習した初級レベルの文型のみで書かれているが、本人の専門分野に関する語彙を適宜利用しながら自身の以前の仕事や今後の進路の見通しに言及し、政策策定の専門家としての自己表現を巧みに行っている。

【スクリプト1】[注8]

　日本に来る前、私は公務員でした。国家開発計画省で仕事をしました。（中略）私はいろいろな政策を作りました。経済や政治についての政策や公共政策も作ったことがあります。（中略）私の同僚は日本の大学を卒業しました。たとえば、A大学やB大学やC大学などです。長官も日本の大学を卒業しました。（中略）「日本人はまじめでよくはたらきますしD国の留学生もたくさんいますから、日本に住むのはいいです」と長官も言いました。長官のアドバイスで、私は日本に行きたいと思いました。（中略）

　日本語を勉強しながら、私は研究計画を考えなければなりません。（中略）私は政府の地方分権を研究したいと思っています。とくに、公共インフラの資金調達です。日本のインフラ開発は電気や水道やガスや交通など、便利だと思います。それで、日本の公共インフラの資金調達を勉強したいです。将来、D国に帰ったら、同じ政策をつくるつもりです。

注8　オリジナルのスクリプトでは一部の漢字にルビがふられていたが、本章では割愛した。また、個人情報保護の観点から、固有名詞はアルファベットに変えて示している。本章で紹介するそのほかのスクリプトや報告等の引用についても同様である。学習者の性別・年齢・出身国などの情報は、今回分析対象としているコースの特性上、各スクリプトを書いた学習者が特定されるおそれがあるため記載していない。

(4) 発話練習，質疑応答の練習，リハーサル

　スクリプトが一通り準備できた学習者は，読み練習を行い，制限時間にあわせてスクリプトの量を調整し，完成に近づけていった。また，スクリプトとスライドの準備がほぼ完成した学習者でグループを作り，お互いの発表を聞いて質疑応答を行う練習も行った。また発表会前日には，クラス全体でリハーサルを行った。(3)および(4)の段階では，複数の日本語教員が交代で指導にあたり，それぞれの担当授業が終わった後に日本語プログラム専用に開発されたSNSサイト（Okini：詳細は難波（2013）参照）に授業の報告を記入し，各学習者の進捗状況等についての情報を共有した。

(5) 発表会の実施

　発表会には集中コースに在籍するすべての学習者が参加し，一人ずつ発表を行った。日本語授業を担当する教員やTAのほか，学習者の研究指導教員や研究室のメンバー，ホストファミリーなどが聴衆として参加することがあった。すべての学習者の発表と質疑応答を録画し，(6)のフィードバックの資料とした。

(6) フィードバック

　発表会終了後，各クラスでフィードバックを実施した。フィードバックの際には，発表会で録画したビデオを見ながら，教員だけでなく学習者同士でも相互にコメントを出し合った。また，自己評価として，各自の発表のよかった点や課題などを振り返りシートに記入した。さらに，修了発表そのものの位置づけや，コースとしての目標がどの程度達成できたかについてのアンケートにも回答してもらった。

　これらの準備過程の中に，日本語教室コミュニティの活動を通じて研究室コミュニティと学習者（研究留学生）をつなぐ仕掛けをいくつか設定した。まず，指導教員にも発表会の案内を送付し，発表会への参加を依頼した[注9]。また

注9　指導教員だけでなく，同じ研究室の大学院生などが参加する場合もあったが，すべての指導教員が参加するわけではない。

上の（2）に示したように，発表の中で使用しそうな専門用語のリストをまず英語で作成したうえで，それらを日本語では何と言うのかについて，研究室の友人や先輩に聞いてくる課題を与えたのも，研究室コミュニティとの接続を意図したものである。さらに2015年度には，作成したスクリプトを事前にメールで指導教員に送付しアドバイスをもらうことを義務づけるとともに，発表会当日に参加できない指導教員にも発表会の様子を確認してもらうため，録画したビデオをYouTubeにアップ（期間限定・非公開設定）して後日視聴できるようにした。これらを通じて，研究室のメンバーに研究留学生の日本語学習の進捗状況を可視化するとともに，気軽に話や相談ができる人間関係の構築を促したいと考えたのである。

3.4 データ

本章では，2014年度・2015年度に実施された修了発表（計60人分）のために書かれたスクリプト（発表原稿）を分析のための主なデータとする。発表の準備過程を通じて，学習者はスクリプトを徐々に書き進め，その間に教員等に確認を依頼し，そのコメントを踏まえて推敲を重ねていく。「研究者（の卵）としてのわたし」という統一のテーマが与えられた中で，自らの歩みを振り返りつつ書かれるスクリプトは，過去における出来事の中から選出されたあるエピソードが，語り手の評価が反映された形で順序立てられ構築されたモノローグ的ナラティブ（嶋津, 2016）と捉えることができる。

また，スクリプトおよびその構築過程を学習者と教員双方がどのように捉えていたかを検討する資料として，発表終了後に学習者に対して行ったアンケート（詳細は義永, 2017参照），教員間の引き継ぎのために書かれた授業報告，教室の内外でインフォーマルに見聞きした学習者・教員の様子の記録も利用する。

4. 語りのつくられ方

本節では，修了発表のスクリプトにおける自己表現（「語り」）がどのように構築されているのか，語りの構成・語りの様式・テキスト（教科書）の利用・複数言語の利用の4点から検討する。

4.1 語りの構成——教員による方向づけ

3.3で述べたように，修了発表の導入時にいくつかの質問を学習者に提示し，これらへの答えを紹介する形で発表の内容を考えるように伝えた。質問のすべてに答える必要はなく，また，自分で新しい質問を追加してもよいとしたが，結果的には多くの学習者の発表が，当初提示された質問を踏まえて構成されていた。以下は，学習者が考えたアウトラインの例である。3.3の（1）で示したような，発表の趣旨説明時に教員が提示したこれまでの経験やライフプランに関する質問に順に答えていく形で発表を構成していることが分かる。

表1 アウトラインの例（1）

はじめに
キャリア
研究テーマ
将来
最後に

表2 アウトラインの例（2）

Introduction
Why this major?
Why telecommunication is useful?
Why Japan?
Which research?
Why this research?
Future plan?
Conclusion

準備の初期段階での質問例の提示は，ともすると研究内容の細かい部分の議論に焦点が当てられがちであった従来の取り組みへの反省から，「研究者（の卵）としてのわたし」について語ることに学習者の注目を促すための工夫として導入された。また，初級段階の学習者にとって，クラスメートのキャリアや研究に関するまとまった語りを聞いて理解するのは，発表スライドや単語リストの助けがあったとしても，かなり難しい課題である。そのため，発表の流れや構成をある程度統一することによって，学習者の相互理解を促すという意図もあった。しかしこのことは，教員の示した質問が学習者の語りの方向性をある程度決定していたと捉えることもできよう。

教員の指導が影響しているのは，学習者の語りの構成だけではない。以下のスクリプト2と3は，同じ学習者が「日常生活の中の化学」というタイトルで書いたものの抜粋である（下線は筆者）。スクリプト2は日本語の授業中に学

習者自身が日本語教員のチェックを受けながら書いたもので，「化学物質」「酵素」「ペプシン」などの専門用語が用いられているが，いわゆる文型としては初級段階で学習する所在・存在の「あります」が繰り返し使われている。これに対しスクリプト3は，研究上の指導教員から加筆したほうがよいと指示された内容を取り入れた部分である。仮定の「〜ば」を用いた複文や連体修飾節のほか，連用形の「て」の脱落や複合助詞「として」の使用など，未習の文法事項が含まれた，よりアカデミックな文体になっている。

【スクリプト2】
　人間の体の中にもいろいろな化学物質があります。たとえば口やおなかの中にあります。口の中に酵素があります。口の酵素は食べ物を分解します。おなかにもたくさん酵素があります，ペプシンやリパーゼやトリプシンなどです。

【スクリプト3】
　今，私は化学を勉強し単一分子デバイスの研究をしています。小さな分子が一つだけあれば，電子デバイスとして機能します。単一の分子デバイスは，ダイオードやトランジスタや磁石として使用でき，携帯電話，パソコンなどの電子機器のコンポートになります。将来はベンゾインをつかった新しい単一分子デバイスを開発したいと思っています。

　この学習者にとって，名詞の専門用語を日本語にすることは，すでに英語で知っているものを日本語に置き換えるだけなので，それほど困難ではなかった。しかしスクリプト3のように未習の文構造が多用された場合，文そのものの理解が困難で，実際に発話する際にも，ほかの部分と比べて明らかにたどたどしさが目立っていた。そのため，日本語教員からは「この部分は削除するか，より簡単な文に書き換えてはどうか」と複数回アドバイスを行ったが，学習者は「指導の先生が書いてくださったことなので，そのまま使いたい」と譲ることはなかった。この事例は，「話しやすく，分かりやすく話すこと」と「研究者らしく話すこと」の対立を示唆しているように思われる。これについ

ては，5の考察で改めて検討したい。

4.2 語りの様式──語るべきものと語られぬもの

　4.1では学習者を指導する教員の声が学習者の語りに影響している例を示したが，学習者の語りは，より広い社会的文脈にも埋め込まれている。三代（2015）は桜井（2012）を引用しながら，人が自らのライフストーリーを語る際には，個人的な経験に根ざしたストーリー（パーソナル・ストーリー）だけでなく，ある集団に流通している規範的な言説（モデル・ストーリー）や，フィールドや対象者が埋め込まれている大きな社会（国家等）に流通しているマスターナラティブも参照されることを指摘している。本章が見る「研究者（の卵）としてのわたし」の語りは，研究のために収集されるライフストーリーではないが，「わたしを語る」点ではライフストーリーとも通じる点があるように思われる。「研究者（の卵）としてのわたし」の語りに，上記3種のストーリーはどのように現れてくるのだろうか。

　この点を検討するために，ここでは「どうして日本に来ましたか」への答えとして語られた部分を取り上げる。この部分では，主に「魅力ある日本文化」「研究・教育先進国としての日本」「国同士，個人間のつながり」が語られている。以下，スクリプトに書かれた具体例を抜粋する。

　　【魅力ある日本文化】
　　・日本は文化や生活スタイルが特別です。長い歴史があります。また，近代的で，安全です。
　　・こどものときは日本に関するドキュメンタリーが大好きでした。このドキュメンタリーでは，日本はテクノロジーの楽園でした。
　　・わたしの趣味は日本です。おかしないいまわしですね。でも，日本の全てがわたしの趣味です。日本のアニメもマンガも音楽も本も映画も大好きです。そして日本の伝統的なことも大好きです。ですから，日本に来ることはわたしの夢でした。
　　・わたしは11歳のころに日本に興味をもちはじめました。日本のアニメをみて，よくそのキャラクターを描いていました。それをきっかけに日

本の文化や習慣も学びはじめました。

【研究・教育先進国としての日本】
・日本の大学はとても評判がいいので，日本をえらびました。
・日本の教育水準は高いです。日本の大学は一流です。
・日本はE学［研究分野］の研究ですぐれています。さらに，日本人の科学者はとても勤勉と思います。
・日本の教育は世界でトップクラスです。でも，F国［国名］の教育はきらいです。私たちは習わなければなりません。

【国同士，個人間のつながり】
・昔から，日本とG国［国名］は関係がよかったです。子どものときから日本が大好きでした。
・「日本人はまじめでよく働きますしH国［国名］の留学生もたくさんいますから，日本に住むのはいいです」と長官も言いました。長官のアドバイスで，わたしは日本に行きたいと思いました。

　これらの抜粋から窺えるのは，学習者は個人的な経験（パーソナル・ストーリー）だけでなく「日本」や「日本の大学」についてのマスターナラティブやモデル・ストーリーも取り入れて自分の語りを構成していることである。つまり，「近代的」で「教育水準が高」く，「大学は一流」，自国と「関係がよ」いと一般に目されている日本を選んだことへの言及を通じて，学習者それぞれの，日本の大学に留学するという選択が正当性のある行為として描かれている。
　また，もう一つここで注目したいのは，修了発表という公の場では「語られない」ことである。筆者が学習者と個人的に接する中では，日本に来たのは偶然だ（たまたま奨学金が当たったから，など），あるいは本当はほかの国に行きたかったが行けなかった（ので日本に来た），と語る学習者もいるが，修了発表の中でこのような声が現れることは一度もなかった。嶋津（2016）は外国語教育学専攻の学生が「なぜ日本語教員になろうと思ったか」について書い

たエッセイと，同じ学生に対して行ったインタビューとを比較し，語りを行う文脈や方法によってその内容や提示の仕方が異なる（「語るべきもの」と「語られぬもの」がある）ことを指摘している。あらかじめ準備したスクリプトに基づいて語る修了発表の場では，「近代的」で「教育水準が高」く「大学は一流」，自国と「関係がよ」い日本を選んだことが「語るべきもの」として選択される一方，「日本に来たのはたまたま」「本当はほかの国に行きたかった」といった事実は，「語られぬもの」とされているのである。

4.3 テキスト（教科書）の利用

　先に述べた通り，本章で取り上げる実践では自己表現のためのマスターテクストアプローチ（self-expression-based mastertext approach：西口, 2015）に基づく自己表現活動を中心としたカリキュラムが組まれている。このアプローチのベースとなる教科書（NFJ）では，3人の登場人物（リさん，あきおさん，西山先生）が特定のテーマに関する自分のことを語り（＝マスターテクスト），学習者は，3人の語りを適宜流用（appropriation）して自分について語ることが期待されている。このような教科書本文からのことばの流用は，西口（2013）では「言葉遣いの再利用つまりことばを模倣的に盗み取るということを基礎とした第二言語の習得」（p. 159）をめざすものと述べられている。

　修了発表を準備する際には，テキストに提示されている語彙や表現のうち，「研究者（の卵）としてのわたし」について語る際に利用しやすいものを意識させ，テキストでの学習事項を活用してオリジナルのストーリーを作ることに学習者の注意を向けるようにした。表3は，テキスト本文と学習者が書いたスクリプト（発表原稿）とを対照的に示したものである。学習者のスクリプトのうち，テキスト本文の表現の流用が認められる部分に下線を付した。たとえば，テキストの「マレーシアに帰るか，日本で就職するか，まだ決めていません」という箇所を「日本にかんけいがある仕事をするかほかの国にいくかまだきめていません」のように，自分の状況に置き換えてスクリプトを構成している。

表3 テキスト本文と学習者のスクリプトの比較

NEJ Vol.2, Unit15「私の将来」	学習者のスクリプト
p.20：将来，マレーシアに帰るか，日本で就職するか，まだ決めていません。日本に関係がある仕事をしたいと思っています。エンターテインメント関係の仕事もおもしろいと思います。 p.22：大学院に進学するつもりです。大学院では，人間とロボットとのインタラクションの研究をしたいと思っています。	将来，はかせかていにすすむつもりです。それから，日本にかんけいがある仕事をするかほかの国にいくかまだきめていません。でも，たくさん研究をしたいです。いつか，[I国]に帰ってから，せいじの仕事をしたいです。[I国]のいりょうせいどはとてもわるいからです。だから，そこをかえたいです。でも，その前に新しい医療用（いりょうよう）きかいを作ったり，たくさん研究をしたり，色々な国に行ったりしたいとおもいます。

　修了発表終了後に実施したアンケートでは，94.8％の学習者が「修了発表は日本語力の向上に役立った」と回答したほか，以下のような感想が見られた。これらの感想からは，授業で学習した事項と修了発表での「研究者（の卵）としてのわたし」の語りを関連づけ，自分の専門領域等に関わることばのレパートリーを加えることで，学びを深めていることが窺える（アンケート結果の詳細については義永，2017参照）。

【アンケート自由記述欄からの抜粋】
（修了発表はあなたの日本語力の向上に役立ちましたか，という質問への回答）
・Preparing the presentation made me use many grammatical point learned through the intensive language class, made me also discover new words and expressions.
・Definitely! I was able to use the grammar lessons to make my script. I also learned new words in my field of expertise.

　ただし，修了発表の準備の際には，このような教科書からのことばの流用を積極的に行う学習者と，そうでない学習者がいた。流用にあまり積極的でない学習者には，自分の研究内容あるいは「自分が選んだことばで語ること」へのこだわりが強く見られる傾向があった。こうした学習者についての，教員による報告を見てみよう。

【2014.7.8 報告】

　Jさんは相変わらず難しい単語を使って表現しようとしていたので，まずそれを使わないように指示しました。「改善する」を「よくする」などです。まず，Jさんに，難しい単語を使って，他の初級や初中級の学生に分かるだろうか？という点を質問し，君のためではなく，オーディエンスのためにどうするのか，を考えてスクリプトを作るように言いました。

【2014.7.18 報告】

　専門の研究の段落をもっと詳しく説明したかったようですが，専門用語の羅列で，難しい言葉を使おうとするので，Kさん（Jさんのクラスメート：筆者注）のスクリプトを見せたり，（中略），不承不承，削ってもらいました。

　上記二つは，同じ学習者の発表準備についての日本語教員の報告である。4.1では研究上の指導教員からのアドバイスに従って未習の文型やアカデミックな文体で語ろうとする学習者の事例を示したが，本節で紹介するJさんの場合はあくまで自らの選択として，「難しい言葉」で語ることを希望している。日本語教員は聞き手にとっての分かりやすさへの配慮を求めたり，ほかの学習者のスクリプトをモデルとして示したりすることによって「難しい言葉」の使用を控えるように指導しているが，そうした指導をJさんはなかなか受け入れなかったことが窺える。

　また次に挙げる報告では，修了発表を「学習した日本語を使って自分のことを語る場」ではなく「指導教員に自分の研究をアピールする場」と捉え，初級レベルの簡単な日本語で話すことを嫌がる学習者の姿が示されている。

【2015.7.16 報告】

　まだまだ英語のセンテンスのままのところが多いです。英語を訳すのではなく，日本語で考えてください，とくり返し言っているのですが…。（中略）Lさんは，指導教官に自分の研究をアピールする機会なので，初級日本語で発表したくないと言っています。ちょっと発表の位置づけを誤解しているのかもしれません。

これらの事例も，4.1の事例と同じく「分かりやすく話すこと」と「研究者らしく話すこと」の対立を示唆するものと考えられるが，これについては5の考察で改めて検討する。

4.4 複数言語の利用

　修了発表の準備では，教科書以外にもさまざまなリソースを駆使して取り組む様子が窺えた。たとえば，パソコンやプレゼンソフトをはじめとするICTの利用には，原稿を手書きして，口頭だけで発表を行うのに比べて，準備の効率や聴衆の理解の促進の面で大きなアドバンテージがあるだろう。また，学習者同士で発表にコメントをし合ったり，質問を出し合ったりする教室内での学習者間の協働学習，あるいは教室外の研究室や寮の先輩・友人，ホストファミリーなどの協力を求めるといったように，人的リソースも活用されていた。

　これに加えて，本節では第二言語での語りに特有の現象と思われる，複数言語の利用について検討したい。修了発表は日本語学習のための活動としてデザインされているが，その準備段階で，しばしば日本語ではなく英語が使用されることがある。教員からの指導としては，アウトラインや用語リストのような，単語レベルまたは箇条書きの段階での英語の使用は認めるものの，スクリプト本文については，最初からできるだけ日本語で書くことを推奨していた。その理由は，英語で書くと学習者の現在の日本語での処理能力を超えた複雑な内容になり，またその結果，日本語に改める際に辞書や機械翻訳に頼って理解不能な文章の羅列になりがちであるためである。しかし実際には，英語で準備を進めようとする学習者も少なくなかった。以下の報告は，日本語教員の引き継ぎのために書かれたものの抜粋である。

【2014.7.1 報告】
　Mさんは英語でスクリプトを作り始めています。英語を翻訳すると，日本語が分かりにくくなるので，できるだけ日本語で，と言いましたが，日本語だと自分の頭の中が整理できなくなるので全体像をイメージするために英語で書いている，英語から日本語への単純な翻訳にはしないので，自分のやり方でやらせてほしい，とのことでしたので，とりあえず今のところは静観中です。

【2014.7.2 報告】
　Nさんは今日，ようやく「国でどんな仕事をしたか」の数文を書きました。英語で「My work includes...」と考えていると，「include」にあたる日本語をまず調べてみる。でもたくさん候補が出てきてどれか選べない。さて選んでもそれを日本語の文としてうまく産出できない。こちらから「それは"私の仕事は○○と××などです"で（includesを使わなくても）OKですよ」といっても，やっぱりincludeを使ったらどうなるのかが気になる。こんな感じでなかなか進みません。

　これらの報告からは，学習者は頭の中で，話し手（学習者）自身の思考の媒介手段としての言語と，聞き手に伝えるための媒介手段としての言語を駆使しながら発表を準備していることが窺える。また，この教室では日本語と英語が共通言語となっているが[注10]，ほとんどの学習者にとって，英語は母語・第一言語ではなく第二言語または外国語である。学習者それぞれの頭の中では，日本語・英語だけでなく，母語など複数の言語を用いた複雑な認知処理の過程が進行しているものと推察される。
　近年の研究では，個人の中に複数の言語がそれぞれ独立して存在するのではなく，すべてが関連しながら一つの有機的につながったレパートリーになっていると捉える，複言語主義（Council of Europe, 2001）やトランス・ランゲージング（translanguaging: García & Li, 2014）の考え方に注目が集まっている。また，学習者の思考を促し，理解を深め，産出の質を上げるための効果的なトランス・ランゲージング活動として，加納（2016）は言語の4技能を統合的に利用するプロセス・ライティングを紹介している。加納（2016）はプロセス・ライティングを「産出された文章のみに注目するのではなく，産出に向かう過程において思考を深め，推敲を重ねながら段階的に指導するライティング指導法」（p. 18）と定義し，学習者の言語資源を統合的に使用する機会を増大させ

注10　ここでいう共通言語とは，教員と学習者の間での意思疎通のための言語を指す。学習者間では，日本語・英語以外の言語（スペイン語やポルトガル語，フランス語など）でのやりとりが見られることがあった。また，教科書・プリント類への書き込みやメモ等は，日本語や英語だけでなく，学習者の母語等で表記されていることもあった。

るため，これらのライティングのプロセスにグループやクラスでの討論，口頭発表なども積極的に組み込むことを提案している。本章で扱った修了発表も，アウトラインの準備からスクリプトの執筆と推敲，口頭発表の準備と実行を段階的に行っていくことから，プロセス・ライティングの一種と考えることができる。

　ただし，今振り返ってみると，本章のデータとなっている 2014 年，2015 年当時は，アウトラインや用語リストでの英語使用，発表当日に配付する日英併記のワードリスト，発表スライドのキーワード（特に専門用語）への英語訳の付加など，部分的には複数言語の使用を取り入れた授業実践を行っていたものの，複数言語話者である学習者がどのような認知プロセスを経て言語の理解や産出を行っているのか，複数の言語資源をどのように組み合わせれば学習者一人ひとりのことばのレパートリーをさらに豊かにすることができるのか，といった問題に関する見通しが十分だったとは言えない。今後，モノリンガルとは異なる複数言語話者の言語使用の実態をより深く理解し，多様な言語背景を活かせるような実践をさらに検討していく必要がある。

5．考察——修了発表におけるアイデンティティ交渉

　本章で取り上げた修了発表は，「研究者（の卵）としてのわたし」を語る活動として位置づけられている。この活動は学習者に，自らの過去を振り返り，現在なぜ日本にいるのか，これから日本の大学院で何をしたいのか，という見通しを持つための自己内対話を促すものである。発表終了後のアンケートを見ると，「修了発表で自分のライフプランを考えることができた」「自分のことをよく示すことができた」という問いに肯定的に回答した学習者が 7 割前後にのぼった（義永，2017）。また，学習者はテキスト（教科書）での学習事項を修了発表の準備のためにもう一度咀嚼し，さらにそれを用いて他者に自己の大切な一部を表明することで，自分の日本語能力の向上を実感することができるようになった。母国等から日本へと，生活の基盤となるコミュニティそのものが大きく変化する留学の初期段階において，自分のこれまでの歩みと，留学の目的や将来の方向性について改めて検討し，それを他者の前で日本語で語るということは，留学生活への動機づけという点でも意義があると考えられる。

また，この発表で語られた学習者の語りは，一見学習者のモノローグのように見えるが，学習者自身の経験のみならず，教員をはじめとする「教えてくれる人」の声（4.1 参照），社会一般の声（4.2 参照），教科書のモデル文（4.3 参照）などを取り入れていることが明らかになった。このことは，修了発表で示される学習者のアイデンティティが，多声的に構成されていることを示している。本書三代論文（第 8 章）で指摘されている通り，近年の社会構成主義的なアイデンティティ観では，アイデンティティは他者との関係性において構成される動態的で多元的な自己の認識と定義できる。この観点から修了発表の中で示されるアイデンティティを見ると，それは「研究者（の卵）としてのわたし」だけでなく，「初級日本語学習者としてのわたし」や「日本の大学で勉強しているわたし」などさまざまであり，発表における語りを構築する中で，複数のアイデンティティが統合的に示される場合もあれば，これらのいずれかが前景化される場合や，アイデンティティの間で葛藤が生じる場合もあった。

　特に葛藤が多く見られたのは，4.1 と 4.3 で示した「研究者（の卵）としてのわたし」と「初級日本語学習者としてのわたし」が対立する場合である。一般的に，専門家（特に研究者）のアイデンティティはアカデミックな文体や専門用語を駆使することで構成される。しかし，修了発表では学習を始めて間もない日本語を使う必要があり，またオーディエンスも当該分野の専門家ではないことから，「分かりやすく話す」ことが要請される。こうした中で，「日本語学習者であるわたし」よりも「研究者（の卵）であるわたし」によりウエイトを置きたい学習者は，自分の日本語能力と言いたいことの間や，学習した日本語を使って分かりやすく話してもらいたい日本語教員との間で葛藤を感じることが多くなると言えるだろう。研究上の指導教員から，研究上の正確さやアカデミックさを念頭に置いたアドバイスがあった場合は，これらの葛藤はより複雑になる。

　また，文体や専門用語といった言語的な問題だけではなく，修了発表という場で「誰に向けてどのような自分を示すのか」という問題もある。たとえば専門の内容を非常に詳細に語ろうとする学習者に「オーディエンス（クラスメートや日本語教員）のことを考えて，もう少し平易で具体的な内容に」といったアドバイスをすると，「そんなことをしたら私の専門の奥深さ，おもしろさは

見えなくなってしまう」「指導の先生が発表を見るのだから，専門分野のことを深く理解していることをしっかり示したい」のような否定的な反応を示す学習者が少数ながら毎学期必ず存在する。こうした教員と学習者間の食い違いは，研究者（の卵）であることをどのように捉えているのか，発表の聞き手として誰を優先するかについての見解の相違に基づくところが大きいと考えられる。ともすれば教員は，自分の指示やアドバイスに従わない学習者を「頑固な学習者」「教員の教育的な意図を理解してくれない」などと判断してしまいがちである。しかし学習者が「語りたいこと」と「語りたくないこと」の間には，単なる言語表現の選択にとどまらない，自らのアイデンティティに関わる複雑な思いがあることを理解する必要があるだろう。

6. おわりに

　本章では，日本の大学院で学ぶ研究留学生の修了発表における自己表現がどのようにして可能になるのかの検討を通じて，自己表現を通じてことばを学ぶアプローチの可能性を考察してきた。修了発表で自己表現を行うために自らの歩みや今後の計画を改めて考えることにより，学習者一人ひとりの自己内対話が促され，自分の人生における留学生活の位置づけや見通しを改めて明確にすることができていた。また，教科書を中心とした日本語学習と自己表現活動とを有機的に結びつけ，学習した日本語を用いて自分を語ることができたという実感が，学習者に達成感をもたらしていた。

　また，「研究者（の卵）としてのわたし」を示す語りは，日本語教員や指導教員等のアドバイス，社会一般に流布する言説，日本語教科書など，学習者をとりまくさまざまな声を取り入れながら構成されていることも明らかになった。ただし，修了発表の準備の中で何らかの葛藤を経験する学習者もおり，その葛藤の一端は「初級日本語学習者であるわたし」と「研究者（の卵）であるわたし」といった複数のアイデンティティが対立する状況や，複数のカテゴリーに属するオーディエンスの中で，誰を主な聞き手と見なすかの判断に起因する可能性が示された。

　教室において学習者の自己表現を促そうとする教員は，学習者の語りが多声的に構成されること（また学習者の語りの中に，教員自身の声が反映される可

能性が高いこと）や，語りにおいて前景化されるアイデンティティは多くの場合単一ではなく，複数のアイデンティティの間に対立や葛藤が生じる場合もあることに留意しながら，学習者が自らの語りをできるだけ自由に発することができる環境を整えることが求められる。この場合の「自由」とは，語りに用いられる言語の語彙や文法，音声上の特徴を理解し，自在に操れるようにするということだけでない。語りの産出に必然的に伴う複数のアイデンティティや，言語学習のコミュニティに関わりを持つ人々の関係性（ときには力関係）を理解しつつ，「わたしの声」を自ら選びとって発言することが相互に認められる場，すなわち自己表現を自己実現に結びつける場をつくるということでもある。

　最後に，本章で扱うことのできなかった課題を指摘しておく。本章は修了発表における自己表現の語りがどのように達成されるかに焦点を当てた。しかし言うまでもなく，自己表現は他者による理解・受容やさらなる働きかけがあって初めてコミュニケーションとして成立する。今後，修了発表の参加者（聞き手）が発表者による自己表現をどのように理解・受容したのか，また聞き手側が何らかの働きかけを行い，一方通行ではない「対話」が生じる場面があったか，あったとすればどのような対話が生じたのか，といった点についても検討を行うことによって，コミュニケーションとしての修了発表の全体像をさらに詳しく描き出すことができるだろう。これについては，発表後の質疑応答や教員によるフィードバック，学習者間の相互フィードバックなどを分析することによって可能になると考えられる。

　また，修了発表という実践は，大学院進学の予備教育として日本語学習に従事する学習者を，研究室コミュニティとつなぐための仕掛けとしてデザインされている（義永，2017）。研究室コミュニティは研究留学生にとって非常に重要なコミュニティであり，修了発表の準備や実施にも影響を与えているが，その関係性がやみくもに「留学生側の適応」を求めるものになっていないだろうか。本章で示した留学生の「指導教員のコメントにはそのまま従う」「指導教員にはできない自分を見せたくない」といった反応は，特に研究室コミュニティに参加したばかりの留学生にとっては当然のものであろう。しかし，少なくとも数年にわたる留学生活の中で研究室コミュニティに十全に参加し，留学

の目的を達成するためには，そのコミュニティの規範や慣習に従順に従うだけでなく，それらを批判的に認識できるための批判的メタコミュニケーション意識（熊谷・佐藤論文（第1章）参照）を持ちながら，自分と自分の所属するコミュニティがよりよい形で発展していくことをめざして自覚的に行動していくことが重要になるのではないか。また大学に所属する日本語教員は，留学生の置かれた言語的・心理的・社会文化的状況を理解しつつ，大学・研究室コミュニティの規範や慣習にも通じた専門家として，留学生の大学・研究室コミュニティへの参加を促しながら，大学・研究室コミュニティそのものを変革していく責任も有すると言えるだろう。すでにあるコミュニティに新参者としての留学生が参加・適応するという観点のみならず，留学生という「新しい風をもたらす者」の参加によって研究室コミュニティ，あるいは大学コミュニティがどのように変化していくのかという視点に立った，さらなる実践と調査研究が求められている。

参考文献

Arnon, B.・義永美央子（2015）.「ライフストーリーから見られた非漢字圏日本語学習者の漢字学習への動機づけ——L2 Motivational Self System の観点から」『多文化社会と留学生交流』19, 13-34.

新井久容（2004）.「クラス活動の目的と展開」細川英雄・NPO 法人「言語文化教育研究所」スタッフ『考えるための日本語——問題を発見・解決する総合活動型日本語教育のすすめ』(pp. 44-64.) 明石書店.

石黒広昭（1998）.「心理学を実践から遠ざけるもの」佐伯胖・宮崎清孝・佐藤学・石黒広昭『心理学と教育実践の間で』(pp. 103-156.) 東京大学出版会.

加納なおみ（2016）.「トランス・ランゲージングを考える——多言語使用の実態に根ざした教授法の確立のために」『母語・継承語・バイリンガル教育（MHB）研究』12, 1-22.

川上郁雄（1999）.「「日本事情」教育における文化の問題」『21 世紀の「日本事情」——日本語教育から文化リテラシーへ』1, 16-26.

桜井厚（2012）.『ライフストーリー論』弘文堂.

嶋津百代（2016）.「語るべきものと語られぬもの——日本語教師を目指すノンネイティブ教育実習生のナラティブ」『日本質的心理学会第 13 回大会プログラム抄録集』, 39.

難波康治（2013）.「日本語教育 IT 支援班の活動——日本語教育支援プラットフォーム Okini の開発を中心に」『留学生大量受け入れ時代に向けた大学における新たな日本語教育スタン

ダードの構築』(pp. 25-34.) 平成21-24年度科研費基盤研究(B)研究課題番号21320093 研究成果報告書.
西口光一 (2004).「留学生のための日本語教育の変革——共通言語の生成による授業の創造」石黒広昭(編)『社会文化的アプローチの実際——学習活動の理解と変革のエスノグラフィー』(pp. 96-128.) 北大路書房.
西口光一 (2013).『第二言語教育におけるバフチン的視点——第二言語教育学の基盤として』くろしお出版.
西口光一 (2015).『対話原理と第二言語の習得と教育——第二言語教育におけるバフチン的アプローチ』くろしお出版.
根本浩行 (2012).「第二言語習得研究における社会文化的アプローチ」『言語文化論集』16, 19-38.
細川英雄 (2004).「クラス活動の理念と設計」細川英雄・NPO法人「言語文化教育研究所」スタッフ『考えるための日本語——問題を発見・解決する総合活動型日本語教育のすすめ』(pp. 8-43.) 明石書店.
細川英雄 (2012).『「ことばの市民」になる——言語文化教育学の思想と実践』ココ出版.
細川英雄・NPO法人「言語文化教育研究所」スタッフ (2004).『考えるための日本語——問題を発見・解決する総合活動型日本語教育のすすめ』明石書店.
細川英雄・三代純平(編)(2014).『実践研究は何をめざすか——日本語教育における実践研究の意味と可能性』ココ出版.
三代純平 (2004).「クラス活動の実践と方法——2名の学習者の活動を通じて」細川英雄・NPO法人「言語文化教育研究所」スタッフ『考えるための日本語——問題を発見・解決する総合活動型日本語教育のすすめ』(pp. 80-114.) 明石書店.
三代純平 (2015).「「グローバル人材」になるということ——モデル・ストーリーを内面化することのジレンマ」三代純平(編)『日本語教育学としてのライフストーリー——語りを聞き，書くということ——』(pp. 112-138.) くろしお出版.
矢部まゆみ (2004).「対話教育としての日本語教育についての考察——〈声〉を発し，響き合わせるために」『リテラシーズ』2, 13-25.
義永美央子 (2013).「学習者の特性に配慮した基礎日本語教育のデザイン」『留学生大量受け入れ時代に向けた大学における新たな日本語教育スタンダードの構築』(pp. 13-24.) 平成21-24年度科研費基盤研究(B)研究課題番号21320093 研究成果報告書.
義永美央子 (2017).「まなぶ・つなぐ・つくる——ポスト・コミュニカティブアプローチの時代における教師の役割」『リテラシーズ』20, 24-40.
Council of Europe (2001). *Common European framework of reference for languages: Learning, teaching, and assessment.* Cambridge University Press.〔吉島茂・大橋理枝他(訳・編)(2004).『外国語教育Ⅱ——外国語の学習，教授，評価のためのヨーロッパ共通参照枠』朝日出版社.〕
García, O., & W. Li. (2014). *Translanguaging: Language, bilingualism and education.* London, U.K.:

Palgrave Macmillan.

Richards, J. C., & T. S. Rodgers. (1986). *Approaches and methods in language teaching.* Cambridge University Press.

Richards, J. C., & T. S. Rodgers. (2014). *Approaches and methods in language teaching* (Third edition). Cambridge University Press.

Sfard, A. (1998). On two metaphors for learning and the danger of choosing just one. *Educational Researcher, 27*, 4-13.

第6章

戦争の記憶を読む・語る

── 批判的メタコミュニケーション意識と意味の協働構築へ向けて

芝原 里佳

1. はじめに

　筆者はマレーシアの国立大学の中級日本語コースで,「戦争の記憶プロジェクト」を行った。マレーシア人日本語学習者と日本人留学生が, 日本とマレーシアにおけるアジア太平洋戦争の語りを批判的に読み, 当該戦争について対話を通して新しい認識を構築し, それを社会に向けて発信するという活動である。本プロジェクトは, 学習者が特定のテーマについて探求しながら, 同時に必要な言語知識や言語スキル（たとえば, 文法, 語彙, 態）の習得を促す点で, 内容重視の日本語教育と言える。本章の目的は, プロジェクト参加者が, 戦争関連の漫画や博物館の展示物, および互いの作文に対して行った批判的考察と, その結果新しく構築された歴史認識を分析することである。

　アジア太平洋戦争を学習テーマとして選んだのは, 次の三つの理由からである。第一に, マレーシアは戦争中に日本軍に占領された歴史があり, その記憶を歴史教育を通して国民に継承している。マレーシア人日本語学習者がアジア太平洋戦争について学び直すことは, 日本語学習者としてのアイデンティティに少なからず影響を与えると考えられる。つまり, 当該戦争をより批判的な視点を持って包括的に理解することは, 今後それぞれが日本人とどのような関係を構築していくかに, 学習者をより思慮深くさせると考えられる。第二に, 戦争の記憶という歴史認識を取り扱うことによって, 国家間の出来事には多様な見方があること, そしてその出来事に対する人々の知識や感情, 態度は, 彼らが属する国の公的な言説に大きく影響を受けていることを意識させることができる。公的な言説の政治性を読み解く力, より多くの弱い立場の人々の視点か

らグローバル社会の問題を捉える意識と姿勢，そして公正で倫理的な社会の構築のために勇気を持って行動する力を育てることは，教育者として最も大切な使命と考えている。第三に，1990年代から日本で勢力を増している歴史修正主義に対抗するためである。歴史修正主義は日本軍がアジアで犯した戦争犯罪を否定または極小化し，アジアの国々の植民地化や占領を正当化しようとさえもしている。戦争加害の記録と記憶の継承を軽視している日本の現政権の姿勢と，それが日本の若者に与える影響を筆者は深く危惧している。被害国の日本語教室から歴史認識の再構築に挑戦し，それらを発信していくことで，少しでも日本の人々に加害の「事実」を知ってもらい，未来の平和のために何をすべきか考えてほしい。

　以下では，「戦争の記憶プロジェクト」のきっかけとなった出来事と，外国語教室で歴史認識の問題を取り扱う意義と方法について議論する。続いて実践の概要を提示し，プロジェクト参加者の対話と作文を分析する。最後に，コミュニカティブ・アプローチを再考する観点から，本プロジェクトの日本語学習における意義を述べる。

2.　プロジェクトの背景

　本プロジェクトを行った背景には，筆者が長年暮らしたマレーシアにおけるアジア太平洋戦争の語りへの問題意識と，その問題への取り組みとして10年前の教室活動で起きた苦い出来事がある。

　マレーシアは16世紀初頭以降，ポルトガル，オランダによってマラッカが支配され，18世紀終盤以降はマラッカやペナンを中心にイギリスの植民地とされてきた。アジア太平洋戦争勃発後の1941年12月から1945年8月までの3年8ヵ月の間，その全域は日本軍によって占領された。マレーシアの中等学校3年の歴史教科書には，40ページ近くにわたって日本軍のマレーシア侵略の目的，経緯，規模，被害，占領下の行政，教育，経済に関する記載が詳しい（Ramlah, Abdul, & Muslimin, 2010）。独立記念日には筆者の勤める大学で学生らによる演劇が上演されたことがあったが，そこでは日本軍の搾取と暴行が，独立国家としてマレーシアが成立するまでに人々が乗り越えねばならなかった苦難の経験として描かれていた。普段は，占領当時の状況に関するドキュメン

タリー番組や，中国で制作された中国と日本の戦争を扱ったドラマや映画が時々テレビで放送される。

　10年前，筆者はマスメディアによる日本軍占領の記憶の語りに接するたびに，現地の人々が経験した恐怖や苦痛，怒りを想像し，暗澹たる気持ちになっていた。言いようのない自責の念も抱いた。一方，「彼ら」が「彼ら」の言語で語る戦争の語りを聞きながら，「日本人」であるがゆえにその経験を共有することから疎外されているとも感じていた。マスメディアの語り手は，「我々の経験」と暗示的に，時には明示的にそれを定義することによって，戦争の記憶をマレーシア人のオーディエンスと共有し，語りの主体に彼らを内包しようとする。その効果は，マレーシア国民に被害国の国民としての意識を維持させ，彼らの中に戦争に関するより統一した見解を構築するように思えた。そこでは，日本人の経験が日本人の視点から語られることも，葛藤や苦悩を持つ者として日本人が描かれることも稀であった。一方，日本では，自国がアジア諸国に与えた加害よりも，自国が受けた被害についての言説に満ちていた。このように戦争に関する言説が国家間で大きく異なるということは，それぞれの国民の戦争に関する事実認識やイメージ，それに付随する感情も異なることを意味する。そのことは，現在も争われている戦後補償や領土の問題，および民族差別の原因とも言えるだろう。もし，戦争に関する互いの国での言説を読む・聞くことによって，相手の認識の背景となっている経験や論理を少しでもよく理解することができれば，早まった判断や対応を踏みとどまり，問題解決に向けて建設的な議論ができるのではないだろうか。10年前の当時，筆者はこのような問題意識から，もう一つの「事実」，つまり日本における戦争の記憶の語りを学習者に聞いてもらうという意図のもと，野坂昭如原作のアニメ映画『火垂るの墓』(1988)をクラスで鑑賞することにした。

　『火垂るの墓』は，アジア太平洋戦争で両親を失い苦労の果てに栄養失調で命を落とす兄妹の物語である。映画鑑賞の途中，幼い妹が死ぬ場面では涙ぐむ学習者もおり，鑑賞後に感想を聞くと，ほとんどの学習者が二人の兄妹に対して同情し，戦争では常に弱者が犠牲になることの理不尽さに怒り，反戦の気持ちを口にした。しかしその中で一人の学習者が次のように言った。「私はこの兄妹を可哀想だとは思いません。だってマレーシアではたくさんの子供や大

人が日本人に殺されたのですから」。この発言は複数の意味で筆者に衝撃を与え，困惑させた。一つは，戦争加害国の国民だからという理由で，子供が受けた被害に対してさえ同情することを拒む頑なな心理だ。それは，戦争を仕掛けてきたのは日本なのだから，日本人が罰を受けるのは当然で，罰を受けるのがたとえ子供であってもそれは仕方がない，という発想である。その発想は，個々の国民は国家に属しており，当然その命も運命も国家に属しているという考え方に基づいている。困惑のもう一つの原因は，筆者が単に自国に対する同情を集めようとしてこの映画を見せたと受け取られたことだ。この学習者にとって，日本人である筆者がマレーシア人に日本国内の被害を語ることは，加害者としての立場をわきまえない自己中心的な行為として映ったようだった。

筆者はマレーシア人にはなじみがないであろう，もう一つの「事実」として，日本国内の被害を映画を通して知らせたつもりだった。だが，その「事実」にも政治的意図が不在であるはずはなく，そのことに筆者が無自覚だったことをこの学習者に指摘されたのだった。戦争について他者の経験や視点を知ることは，これまで気づかなかった問題に気づいたり，解決のための新たなアプローチを模索したりする契機になるはずである。だが，ただ自他の見解を無批判に「知る」「知らせる」だけでは，そのような問題化や解決への取り組みには至らないということを，この経験から学んだ。戦争の加害・被害関係にある二国の国民が，互いの戦争の記憶を語る・聞くとき，ナショナリズムのイデオロギーにたやすく絡め取られてしまう。では，いかに語る・聞くのか，その方法が必要である。

3. 海外の日本語教室で歴史認識の問題を扱う意義

個人の歴史認識は，属するコミュニティの公的な言説に強く影響を受ける。どの言語コミュニティにも歴史的事件について支配的な言説があり，教育機関は歴史認識の一元化とその再構築に重要な役割を果たしている。たとえば日本では，文部科学省が教科書出版会社に対して検定を課すことで，国家が小・中・高等学校などの学習内容を規定している。特に歴史教科書は，国内事情や外交における政府の見解を反映したものになっている。

Kramsch（2011）は，言説を意味システム（symbolic system）と呼び，次の

ように言説の本質について議論している。第一に，言説は語彙や文法構造を通して，話者が自己や他者をどう捉え理解しているかを明示・暗示する。第二に，言説は行為遂行性を通して発話する人間の意図を露わにする。第三に，言葉はテクスト間の引用の繰り返しにより歴史を通してその意味づけが行われる。そのため，言説は社会のアイデンティティ，個人や集団の記憶，感情，および欲望を露わにする。したがってKramsch（2009）は，教育の場において教師と学習者がともに「シンボリック・コンピテンス」を伸ばし，「出来事を記憶し，語り，議論し，他者に共感し，自他の未来を想像するには今とは別のやり方があること，そして究極的には，成功とは何か，失敗とは何かを定義し評価するためには今とは別のやり方があることを想像する」[注1]（p. 201）ことを提唱している。「シンボリック・コンピテンス」とは自他のアイデンティティと経験を再定義するための能力であり，それは個人が互いの人権を認め合ったうえで互いに謙虚な関係を構築するために必要だと言えよう。

　言語と言説のシンボリックな側面として，「従軍慰安婦」という言葉を例に挙げてみよう。「従軍慰安婦」という日本語は，アジア太平洋戦争で日本軍兵士の性処理のために，韓国をはじめ台湾，中国，フィリピン，インドネシア，マレーシアなどの国から動員された女性たちを指して用いられてきた。一方，同じ対象を指し示すのに，英語話者はvictim of sex crime（性犯罪の被害者）という表現をより正当な表現として用い，「慰安婦」の英訳であるcomfort womanは，日本軍や日本政府の見方を批判するためにカギ括弧で括って使用する。「慰安婦」という日本語は，女性とは男性（国のために戦う男性にはなおさら）に安らぎや慰めを提供するものだという，古くからある男性中心的な日本の通念を表している。同時に「従軍」という言葉であたかも女性たちが自ら望んでその役割を引き受けたという印象を与え，日本軍の性犯罪を隠蔽する働きをする。それに対し，被害者の女性たちは自らを「性犯罪の被害者」と再定義することによって，日本軍の戦争犯罪を告発することを可能にした。

　この例が示すように，言葉は単に人や物，事象を客観的に指し示す中立的な

注1　筆者による和訳。原文：to envision alternative ways of remembering an event, of telling a story, of participating in a discussion, of empathizing with others, of imagining their future and ours, and ultimately of defining and measuring success and failure.

道具ではない。言語教育は，教師と学習者が，言説の持つ政治性を読み取り，普段何気なく発している自身の言葉を批判的に点検する場となるべきであろう。なぜ私・彼・彼女は，このような言葉を使うのか，このような伝え方をすることが誰の利益に資するのか，別の視点からの現実の伝え方はあるのか，と懐疑的である必要がある。当然とされている世界観を疑問視し，別の視点から出来事を捉えてみるという批判的な姿勢を持つことが重要だ。

　そのような懐疑の視点は，これまで気づかなかった問題を意識化し，当事者としての関連性を見出すことにつながる。たとえば先に挙げた「従軍慰安婦」問題は，日本ともう一方の当事国との間の，国家間の問題として捉えられがちであるが，別の見方をすれば，家父長制社会の中の男性による女性支配という構図で捉えることもできる（上野, 1998）。女性は男性より劣り，常に男性の保護と支配を必要としているという家父長的な見方は，日本軍が占領地域の特に貧しい女性たちを蹂躙する事態を引き起こした（朴, 2014）。そして戦争補償においては，たとえば日本と韓国の間で行われたように，日本が被害国に対して将来的な経済協力を行う代わりに，被害国は国民個人の被害に対して賠償を求めないという取り決めが行われた。そのいかにも家父長的な国家間の取り決めの結果，元「慰安婦」の女性個人の受けた被害は「解決済み」として，戦後長い間両国家に封印されてきた（矢野, 2006）。だが，韓国国内の女性団体による働きかけで，1991年に金学順が元「慰安婦」として約半世紀の沈黙を破り名乗りをあげ，日本政府に謝罪と個人補償を求める訴訟を起こした。元「慰安婦」個人にとって問題は解決などしていなかったのだ。この出来事は，元「慰安婦」が戦時に受けた地獄のような苦痛と，現在まで強いられてきた沈黙を，家父長制社会がもたらした幾重にも重なる「女性に対する加害」として，社会とりわけ女性たちが再認識したことを示しているだろう（上野, 1998）。

　Kubota（2012）は，ジェンダーに限らず，過去国内に存在した民族間，言語間，経済階級間の権力関係は，現在に及んでも同様に存続しているとし，現代に生きる私たちの生活や意識に関わる問題として，歴史認識の問題を取り扱う必要性を示唆している。この視点は，歴史認識を言語教育で取り扱う際，学習者が自身の生活から断絶したものとして過去を思索するだけに終わらせないためにたいへん重要である。批判的考察を取り込んで内容重視の言語教育を行

うことを主張する Sato, Hasegawa, Kumagai, & Kamiyoshi（2013）は，「自分の置かれた現状や社会に内在する社会的・慣習的な前提を問い直し，その維持や変革に能動的に関わっていこうとする姿勢・視点」[注2]（p. 84）を育てることが教育の大切な使命であると主張している。批判的考察とそれに基づく自己を含めた社会の変革・改善に関わっていこうとする姿勢が，教育現場において養われる必要があるということだ。

では，言語教育の現場で自己と社会の変革・改善に関わっていこうとする姿勢・視点そして行動を育てるとは，どういう行為を意味するのだろうか。ここで，Pennycook（2001）に代表されるポスト構造主義的アプローチを思い出したい。それは，社会の仕組みや権力，個人の意識を，言語実践の反復を通して事後的に構築されるものと捉える。そして言語が何かを行う——行為遂行性（performativity）——という言語観に基づき，個人が言語を能動的に創造的に使用することによって，既存のアイデンティティや社会の力関係を変革することができると主張する。その視点に立てば，自己と社会の変革・改善に向けた行動の一つとして，他者との対話を通して，個人は自己を含めて周囲の歴史認識の再構築に関与していくことが考えられる。「従軍慰安婦」問題へ今の日本人がどう関わるかを問うた上野（1998）は，次のように，我々個人が歴史認識の再編成に参加していく可能性を示している。

> 歴史とは，「現在における過去の絶えざる再構築」である。歴史が過去にあった事実をありのままに語り伝えるというナイーヴな歴史観は，もはや不可能になった。もし，歴史にただひとつの「真実」しかないとしたら，決定版の「歴史」は——「フランス革命史」であれ，「明治維新史」であれ——一度だけ書かれたら，それ以上書かれる必要がなくなる。だが，現実には，過去は現在の問題関心にしたがって絶えず「再審 revision」にさらされている。（上野，1998: 11）

歴史は，語り手の現在持つ特定の問題関心に沿って語られる。ならば，その

注2　筆者による和訳。原文：the mind and attitudes to question the existing social and customary premises and to actively get involved in the preservation and transformation of those premises.

問題関心を審判する力を我々個人は持つべきである。そして，多様な視点，多様な語りの存在を知る者としての「私」の語りは公正か，「私」の問題関心はより倫理的な社会を築くために重要か，そのことを点検しながら「私」も「言説の闘争の場」（上野，1998）に参入していくことが大切だ。そのような言語実践に至るまでが，歴史認識を言語教室で扱うことの意義だと考える。

4. 海外の日本語教室で歴史認識の問題を扱う方法
4.1 複数の視点からの語りを読む・聞く

　歴史上の国家間における出来事の解釈は一つだけではないということを知るためには，当然であるが，それぞれの国家の複数の立場からの語りをソースとして読み聞くことが必要である。新聞や雑誌記事，物語などの言語情報だけでなく，絵，写真，映像，展示物などの視覚情報も，見る者に対して何らかの情報やメッセージを送っているという意味で，それらを制作者・構成者の語りとして捉えることができる（Kress, 2003）。

　日本語学習者が，日本語母語話者をオーディエンスとして想定した読み物を読んで理解するのは困難を伴うが，アメリカの大学の上級日本語コースで内容重視の授業を展開している近松の報告は参考になる（近松, 2008; 2009; 2010; Chikamatsu, 2012）。近松（2011）は「戦争と日本人」をテーマにしたコースで，小中高向けの社会・国語・歴史教科書，映画，アニメ，漫画などを教材として使用し，被爆者や学者を招いて話を聞くといった活動も行っている。学習者がテーマを自身の問題として捉えることが重要だとする観点から，小論文を書くことを前提に，学習者の問題関心を中心に学習者がインタビューの対象者を選び，話を聞くという活動も提唱している。

4.2 被害・加害関係を分析し，現在とつなぐ

　Kubota（2012）は，戦時の出来事を理解する際，多様な視点から「被害」と「加害」の関係を精査し，その多重性を読み取ることを説く。たとえば，一連の事件における加害国はしばしば，自国の被害者性を強調する言説を生産することによって他国を加害者と位置づけ，自国の加害責任を隠蔽する。また，被害者あるいは加害者と一括りにされるグループの中にも，その下位にさらに

被害・加害関係が存在している。たとえば，「被爆国」日本では被爆者が非被爆者から差別を受けてきた事実があるが，国家再建を目的とする愛国的な言説の中で，被害者性は均質化され，美化され，被害の個別性が隠蔽されてしまう傾向がある。多様な語りに触れ，隠されてきた加害・被害関係に気づくことによって，学習者は問題を発見し，当事者としての関わりに気づき，ひいては国家の枠にとらわれない解決方法を模索する契機になると考えられる。

4.3 対話を経て自己の見解を磨き上げる

上述したような批判的な視点を学習者が獲得するには練習が必要で，そのために教師は，学習者同士がオープンに対話ができる環境づくりをする必要がある。「なぜそのように考えるのか」「何を根拠にそう言えるのか」といった問いを学習者同士が率直に投げかけることを奨励しなければならない。そのような批判的な視点を持つことは初めは難しく，時には教師が明示的に対話の中で示すことが必要かもしれない。学習者は他者からの問いに応えていく過程で，自己の歴史認識を客観的に捉え直し，より多くの他者を納得させられる，公正で倫理的な見解へと磨き上げることが期待される。有田（2006）は「論争上にある問題」を日本語教室で扱う際，学習者に身近なところから「問題」について考えさせているが，考えを深める方法として対話を採用している。その中で，「日本と中国の関係悪化」を取り上げた中国人留学生が，日本人の友人や教師との対話を通して，自身の愛国心の由来を改めて問い，自分と日中問題の関連性を見出し，自分なりの解決方法を模索し始める様子を報告している。

5.　「戦争の記憶プロジェクト」の概要
5.1　プロジェクトを行った国

「戦争の記憶プロジェクト」を行ったマレーシアの人口構成は，ブミプトラ（土地の子）と呼ばれるマレー系と先住民族（イバン族やカダザン族等）が68.8％，中華系23.2％，インド系7.0％，その他が1.0％となっている（Department of Statistics, Malaysia, 2018）。国語はマレーシア語（マレー語）であるが，華語あるいはタミール語を学内の公用語とする小学校と中等・高等学校がある。行政，警察などの公的機関がマレー系によって占められている一

方，ビジネスの分野では中華系が優勢である。民族間の経済格差を是正する目的で，マレー系と先住民族を教育，雇用，融資，税制などにおいて優遇するブミプトラ（土地の子）政策が1970年代より施行されている。さらに国家の経済政策としては80年代より第一次マハティール政権下で，日本や韓国の高度経済成長を支える労働倫理や経営スタイルに学べという方針から，ルックイースト政策が始められた。この政策下で多くの留学生を日本へ送るとともに，日系企業からの投資を積極的に受け入れてきた。親日家のマハティールは当時，「日本に習え」「日本は戦争について繰り返し謝る必要はない」といった発言をしてきたことでも知られている（柴田，2013）。現在の第二次マハティール政権は第一次政権当時に打ち出した，2020年に先進国入りを果たすという国家目標（ビジョン2020）を受け継いでおり，その達成には国内の民族間協調が欠かせないという認識を持つ。そのため"Satu Malaysia（一つのマレーシア）"というスローガンがメディアや教育機関を通して国民に広められている。

5.2 プロジェクトの参加者とコース

本プロジェクトは，マレーシアの国立大学（2学期制）の選択外国語プログラムの一つである日本語コース（レベル3，中級前半）で行われた。コースを受講するにあたり，学習者は2学期間の初級日本語コース（レベル1とレベル2）を終了するか，それに相当する日本語能力を必要とする。週4時間（2時間の授業が2回），15週のコースで，『みんなの日本語』（17～25課）を教科書として使用し，文型の導入・練習とその文型を用いた会話活動を主に行う。本プロジェクトは通常のシラバスに入れ込む形で学期後半の6回分の授業時間（合計12時間）を用いて行われた。プロジェクトの参加者はコース受講者のマレーシア人学習者6人（内1人は同大学講師）と，日本からの留学生1人の合計7人で，日本人留学生の参加はボランティアであった。マレーシア人学習者は全員が中国語で初等教育を受けた中華系で，漢字の知識を持っていた。プロジェクトの成果物は日本語で書かれたが，マレーシア人学習者にとって対面での議論をすべて日本語で行うのは困難であったため，英語も随時使用した。

表1　プロジェクト参加者

名前（仮名）	性別	国	年齢	所属／職位
ショーン	男	マレーシア	22才	物理学部
ミン	女	マレーシア	21才	経営学部
キャリー	女	マレーシア	21才	生物学部
アレックス	男	マレーシア	21才	経済学部
ウェンディ	女	マレーシア	22才	経営学部
サリナ	女	マレーシア	51才	大学講師
アヤコ	女	日本	22才	交換留学生

5.3 プロジェクトの目的と手順

プロジェクトの目的は，①アジア太平洋戦争に関する日本の漫画，マレーシアの博物館の展示や説明を批判的に鑑賞すること，②当該戦争についての思いを書いたエッセーを対話を通して見直し，書き直すこと，の二つであった。

プロジェクトは二部構成になっている。第一部では作者，中沢啓治が自身の被爆体験をもとに描いた漫画『はだしのゲン』（原著1973年）の一部を読んだ。物語の筋と歴史的背景の理解を深めた後，漫画の中でどのような加害と被害の関係が描かれているかを議論した（芝原, 2017参照）。

表2　プロジェクトのスケジュール

日	構成	授業内容
1日目	第一部	漫画『はだしのゲン』の内容理解と議論
2日目	第一部	漫画『はだしのゲン』の内容理解と議論 ウェブサイトの目的・構成などについて議論
3日目	第二部	ペナン戦争博物館を訪問
4日目	第二部	各自のエッセーと博物館の紹介文について議論
5日目	第二部	各自のエッセーと博物館の紹介文について議論
6日目	第二部	各自のエッセーと博物館の紹介文について議論

第二部では，ペナン島南部にあるペナン戦争博物館を訪れた。ペナン戦争博物館は，1930年代マレーシアを植民地としていたイギリス軍によって建設された要塞で，1941年から1945年の日本軍占領期間は捕虜収容施設として日

本軍に使用されていた場所を復元したものである。戦後50年間，その場所はGhost Hillと呼ばれ，地元の人々は近づかなかったが，地元の人物が政府の許可を取り付け，ジャングルに埋もれていたその場所を切り開き，2002年に戦争博物館としてオープンした。この博物館は要塞の復元によって歴史的事実を伝えるという目的以外にも，戦場が持つ独特の雰囲気や武器，軍事活動に関心を持つ人々の興味を引くことも意図しているようだ。それはこの博物館に肝試しのナイトツアーや，銃撃戦が疑似体験できるペイントボール場があることなどからも窺えた。博物館の見学後，クラスで博物館の紹介と各自のエッセーを掲載するウェブサイトを作成した。

エッセーには次のことを含めるように伝えた。①博物館を訪れたときに感じたこと，②博物館の展示内容や方法について考えたこと，③『はだしのゲン』を読んだときのように，加害と被害の関係をいろいろな角度から捉え，戦争について自分の考えを書くこと。博物館の紹介文とエッセーは，教室で互いに読み合いコメントをした後，各自加筆，修正した。その際，以下の点に注意するよう伝えた。①クラスメートとウェブサイト読者両方に理解しやすい文章を心がけること，②読んだ人が納得できるような論理的な文章を書くこと，③複数の見方を考慮したうえでの見解を書くこと。

各自のエッセーについてのクラス内議論では，まず教師である筆者が，参加者に対して，クラスメートのエッセーから何が理解できたかを質問した。それに対する参加者の応答は，たいてい英語で行われた。その間，筆者は読み手と書き手の間で意味交渉が起こるのを待った。最初，読み手からの積極的な質問が少なかったので，筆者が指名して質問を促した。筆者からも質問したり説明を求めたりした。筆者と書き手とのやりとりに加わる形で，ほかの参加者が意見を述べたり，質問をさらに付け加えたりすることがしばしばあった。

6. 「戦争の記憶プロジェクト」の分析
6.1 目的，データ，方法

本項では，①プロジェクト参加者が，戦争関連の漫画や博物館の展示物，および互いのエッセーに対して，どのような議論を行ったか，②議論の結果，どのような歴史認識が構築されたかを分析する。

分析には，以下のデータを用いた。

(1) 参加者のエッセーと博物館紹介文の第一稿
(2) 議論後に加筆・修正されたエッセーと戦争博物館紹介文
(3) (1) の文章について行われたクラス内議論の記録

　戦争というテーマを授業中に当事国の出身者同士で議論するのは，参加者にとって初めての経験であったため，心理的ストレスを伴うことが予想された。そのためボイスレコーダーによる議論の録音を控え，筆記で発言者と発言内容を記録した。記録は授業後すぐに清書し，筆者の内省も書き加えた。議論では英語が多用されたが，筆者の認識過程でそれらが日本語に変換されたケースもあり，議論の記録は実際に使用された言語の種類を反映していない。読みやすさを考慮して，分析では英語での議論もすべて日本語で記述し，会話を再構成した。上記のような理由から，記録された発言内容は発言そのものではなく，筆者の即時での解釈を記したものである。学習者の書いた文章と，議論の焦点となった日本語の表現は*イタリック体*で表記する。
　談話分析として，談話データから重要なパターンやテーマを見出していく帰納的分析方法を採用した（Johnson & Christensen, 2008: 393）。議論はある目的を遂行する談話に分けることができ，目的は複数あることが分かった。同種の目的で行われている個別の談話を同一の「目的カテゴリー」に分類し，それぞれの「目的」を概念化した。ある目的は別のものよりも頻繁に遂行されており，すべての目的の遂行頻度が均一だというわけではない。また，ある目的のために行われた談話が，別の目的を達成するための談話の前作業として行われている場合もあった。ここでは，その遂行頻度や遂行順序に関わらず，談話の目的カテゴリーをすべて提示し，事例を挙げる。

6.2　談話の目的カテゴリー
(1) 概念の明確化
　意味が理解しにくい表現や文について，参加者は書き手の意図を質問し，それが正確に伝わるよう協働でより適切な日本語を模索した。この分類に入る対

話は，議論中最も頻繁に行われた。たとえば，ミンの「この研修旅行は戦争の体験ができました」という文に対して，ショーンから「戦争の体験ができました」というのは言い過ぎだという意見が出た。Experience the war というより imagine the experience of the war という概念のほうがより適切だということに書き手を含めて参加者が納得した結果，「戦争の体験の想像ができました」という表現に改められた。

(2) 提示された論理への批判

　提示された見解が論理を欠いていると思われる場合，参加者はそれを指摘した。たとえばウェンディの「我々が今享受している平和は昔の人達の苦しみから受けました」という文に対して，アヤコ（日本人留学生）が，昔の戦争の苦しみがあったおかげで今の平和が享受できる，という見解には論理の飛躍があると指摘した。ウェンディはこれを受けて「戦争は人々に苦しみと悲しみをもたらしました。戦争がなかったらならば，我々は今もっと幸せかもしれない。でも，戦争があったから，我々は今持っている平和をより感謝です」と書き直した。

(3) 見解の相対化（脱「真実」化）

　書き手がある情報を，唯一の「正しい事実」として提示している場合，参加者はそれが特定の立場からのものであり，別の立場からの解釈も存在することを指摘した。たとえば，ミンの「日本側の最終目的はインドネシアの豊潤な石油資源にあったようですが…」という文に対し，ウェンディは日本がマレーシアを占領したのはインドネシアに渡るためだけではない，マレーシアの豊かな資源を獲得することも当然目的にあった，と反論した。ミンは，この文章を書くのに，ある日本人の個人ブログに書かれていた文章を参考にしたと告白した。このことは，ある見解を採用するとき，それがどのような立場からどのような目的を持って発せられたのかに注意しなければならないことを，参加者全員が意識したエピソードだった。

(4) 根拠となるデータの提示要求

　書き手が見解を提示した際，参加者は，それを裏付けるデータを提示するよ

う求めた。たとえば，アレックスは「*日本が(マレーシアに)ありました時, 全部のアジア国がありたいでした*」という表現で，日本軍がマレーシアを占領していた時期，日本軍はアジア全体を占領しようと考えていた，という見解を示した。アレックスの意図した意味が明らかになった時点で，サリナはアジアという概念はとても広く，リサーチもせずに当時の日本軍の意図についてあたかも真実のように我々のウェブサイトに書くべきではないと反対した。この見解を裏付けるデータを持っていなかったアレックスは，結局この文をエッセーから削除した。

(5) 一般化表現に対する批判

「*日本人は*」「*マレーシア人は*」というような言葉を用いて，そのカテゴリーに含まれる人間全員が同様の思考や行動をしている（していた）という印象を与える文に関して，対象を特定する表現を用いるよう，主に筆者が指摘した。たとえば，アヤコは「*日本にとったら祖国のために命を落とした日本軍がヒーローでアメリカ軍が悪者*」という文を書いた。これに対し筆者が，私は「ヒーロー」とは思っていないと伝えたため，アヤコは「当時の多くの日本人にとっては…」と書き直した。

(6) 解決策の提示要求

書き手があることについて批判する文章を書いている場合，その見解にたどりつくまでの論理的道筋や具体的な解決策を提示するよう，主に筆者から求めた。たとえばウェンディは，ペナン戦争博物館について「*歴史を展示する方法にプロ意識が欠けます*」と述べ，斬首刑場のレプリカのそばに日本軍をほのめかした大きな死神の絵が掛けてあることや，ペイントボール場があることを批判した。そして「*私の考えではこの戦争博物館がよくなることができます*」と結んだ。これに対し筆者は，単に批判だけで終わらず改善案を提示するよう求めた。その結果以下の文が加筆された。「*博物館は公衆から資金を調達するのために, お金を稼ぐためのツールとなっています。そして, 真の性質と目的を失い始めています。公衆のできることは自分の力でこの戦争博物館を促進します。たとえばブログを書くことや…(後略)。政府のできることはいろいろな観光フェア*

で戦争博物館を公衆に紹介すると博物館をサポートするために資金を割合てることです。」

(7) 書き手の立ち位置を問う批判

　参加者は，書き手の文章が特定の立場を擁護していて，自分の立場とは異なる，または倫理的に受け入れられない，と判断したとき，反論した。たとえば，キャリーは「*イギリス軍と日本軍はマレーシア人を傷つけました。同時にマレーシア人は国を守る時，イギリス軍と日本軍を傷つけました。誰は被害者，誰は加害者，話すことは難い。*」という文章を書いた。これに対してショーンは，自衛のためには仕方のないことで，日本人兵士やイギリス人兵士によるマレーシア人の殺しと，マレーシア人によるイギリス人兵士や日本人兵士の殺しとを同列視するべきではない，と批判した。しかしキャリーは，どちらも同じ重みを持つ生命だと反論し，文章の変更を拒んだ。このように，どちらの見解も論理的には筋が通っているように思われ，双方の意見のすり合わせが困難な場面があった。そんなとき，教師は何をするべきだろうか。明確な答えはまだない。だが，自分が誰の視点から出来事を捉え，何に価値を置いているか，その見解を発信することで何を果たすことになるのかを，参加者が意識化できるような問いかけが必要かもしれない。

6.3 事例分析

　ここでは議論の事例を挙げ，上述した談話の目的（それぞれ太字で示す）が実際にどのように遂行されながら議論が進行したかを省察する。

6.3.1 ショーンのエッセー

　Discovery Channel のドキュメンタリー番組をよく見るというショーンは，『はだしのゲン』で描写されていた沖縄戦についても「知っていた」と言い，日本側の状況についていくらか知識があると自認していた。以下は彼のエッセーの中盤の一部と，それについてのクラスでのやりとりである（誤字脱字はママ）。

> 私は年長者から聞きました。その時，彼の先輩は死なないのために，死体のように横たわっていました。日本兵士は横たわっている人だちが本当に死んだを確認のために，人だちを銃の利器で挿入しました。生きのために，彼の先輩は耐えました。戦争時兵士はいろいろな圧力がありました。<u>一分の兵士は人民で圧力を開放しました。</u>(下線：筆者)

アヤコ　　：「一分の兵士は人民で圧力を開放しました」のところ，ちょっと意味が分かりにくいです。
筆者　　　：そうですね。ここのところは私も分かりにくかったです。「圧力」とはどういうこと？
ショーン　：「Pressure」です。
筆者　　　：どういう「pressure」？
ショーン　：「Psychological pressure」です。戦争のとき，兵士は明日自分が殺されるかもしれないという恐怖を抱えているから。それを人民に向けて「release」したと思う。
筆者　　　：では，「圧力」じゃなくて「ストレス」かな。そして「開放しました」というより「ぶつけました」かな。「ストレスをぶつけました」？　そして，その「ストレス」は死の恐怖からくる「ストレス」ということですね。でも，それは本当にそうなんですか？　それはあなたの考え？
ショーン　：テレビでそういうのをよく聞きます。
筆者　　　：日本兵の証言を聞いたんですか？
ショーン　：日本兵ではなかったと思う。
筆者　　　：では日本兵の言い分はもしかしたら別にあるかもしれない？
サリナ　　：これはセンシティブな問題。インタビューとかして証拠がない限り，こういうことを書くのは危険だと思う。
ショーン　：でも，そういう事実があったのも確かだと思う。ほかの戦争でもそういうことがある。それに一応，文には「一分の兵士」と書いた。「全部の兵士」とは書いていない。

ウェンディ：それでも，確かめたわけじゃないから，文の最後に「と思います」をつけたほうがいいと思う。

　議論の末，ショーンは「一分の兵士は人民で圧力を開放しました」の文を「一部の兵士は自分のストレスを現地人にぶつけましたと思います」と修正した。
　日本人留学生アヤコが「一分の兵士は人民で圧力を開放しました」という文で何を意味しているかをショーンに質問したことから，ショーンのイメージしている状況を明らかにする作業が始まった。ショーンは「圧力」という日本語で意図している概念を英語で言い直したり，イメージしている状況を英語で説明したりしている。それに応えて筆者は「ストレス」という別の日本語を提案し，ショーンが行った状況説明を記述する必要があることを示唆した（**概念の明確化**）。ただ，今回は明示的に筆者が状況説明の必要性をショーンに伝えなかったためか，修正後の文章にはそれが含まれていない。次に筆者は「それは本当にそうなんですか？」と質問し，死体のふりをしている現地の人を銃剣で刺すといった行為が，日本兵本人にとって，死の恐怖からくるストレスを現地の人にぶつけるものだったのかを問うている。つまりその解釈は本当に日本兵本人の内面を言い当てているのか？という問いである。「それはあなたの考え？」と筆者はさらに質問し，それがショーン自身による解釈ではないのか，と迫っている。これに対しショーンは，テレビからの情報だと答え，自分が勝手に根拠もなく想像したことではないと主張している。しかし筆者は，「日本兵の証言を聞いたんですか？」とさらに質問し，テレビから得た情報が，日本兵自身の認識を伝えたものなのかを問うている。日本兵の証言ではない，と答えるショーンに対して「では日本兵の言い分はもしかしたら別にあるかもしれない？」と，半ば主張気味に，日本兵が別の認識を持っていたかもしれない可能性を尋ねている。筆者はここで，ショーンの言うような理由で残虐行為をしたのではないはずだ，と日本兵を擁護したかったのではない。戦時中に起きた残虐な事件をめぐる解釈は，当事者の立場によって異なる可能性がある。事件の当事者でない我々は，特定の誰かの解釈をそれと意識することなく唯一の「事実」として内面化してしまう危険性があると伝えたかったのだ（**見解の相**

対化)。だが，それがねらいであるならば，筆者はこの場面で，あなたの解釈は誰の視点からのものなのか？誰がそう語っているのを聞いたのか？と問い，ショーンが聞いたという語りの主体を明らかにすべきだった。しかし，「それは本当にそうなんですか？」という筆者のあいまいな質問の仕方が，日本兵の証言を伴うものなのかどうかを問っている印象を与えてしまったようだ。現にサリナは元日本兵の証言を聞いて確認しなければ，それが事実だと主張すべきではないと発言している（**根拠となるデータの提示要求**）。ショーンはこれに対し，日本兵の証言というデータは手元にないけれども，そのような心理で殺人をした日本兵が一部にはいたはずだと反論している。これに対しウェンディは，一部の兵士といって範囲を限定しても，実証するデータが示せないなら，それはショーンの個人的な見解として提示せざるを得ないとしている（**見解の相対化**）。したがって断定的な表現は避けるべきで，個人の意見として保留を示す「と思います」を末尾に付け加えることを提案している。

　この議論では，解釈の根拠となる証拠を示すことが重要だと参加者（サリナとウェンディ）に強く意識されている。ある事件が「事実」であると主張する際，その主張の根拠となる資料を示すことが重要なのはうなずける。だが，当事者の立場が多様であればあるほど，同事件への解釈や感情といったものも多様なはずである。その結果，「事実」の語られ方に，個人による違いが生じるはずである。したがって，戦争当事者でない我々が自分の「事実」認識を他者に向けて提示する際大切なことは，自分の「事実」認識が誰の視点からのものなのか，それはどのような関心によって構成され，どのような目的を遂行しているのか，という自己への批判的な分析だろう。「と思います」の採用は，ショーンにとって，日本兵側の認識を言い当てていると信じているものの，証拠を伴わないため，根拠の不在を他者に対してしぶしぶ認める言語行為だった。だが，その言葉によって結果的にショーンは，当事者の日本兵が別の認識を持っていた可能性を認める謙虚さを示したと言えるだろう。

　ところで，サリナは発言の最初に「これはセンシティブな問題」と言い，解釈に相違のある問題であることを見抜いた発言をした。そして証拠不在の問題にすり替えることで（しかも自分で証言を取るべきという高いハードルを設定して），この問題についてクラスで公に発言することを抑制しようとした。「セ

ンシティブな問題」という表現は今回だけでなく，時折サリナから発せられ，その議論の抑制効果に筆者は悩まされた。授業後には，「事実と異なる」ことをウェブサイトに書いて，もしどこかから問題視する声があがったら，講座担当者のあなただけでなく同じ講師の立場である自分も「危ない」と，サリナから冗談交じりに言われたことがあった。解釈が異なる事案について語るのをタブー視しがちな多民族社会マレーシアの「常識」を持つと自認するサリナは，その「常識」を「社会を知らない」学生や外国人である筆者に喚起しようとしていたのかもしれない。

6.3.2 アヤコのエッセー

　アヤコは日本の私立大学から一年間本大学に交換留学しており，本プロジェクトにはボランティアで参加してくれた。以下のエッセーの前半では，アヤコがペナン戦争博物館の展示方法について批判している（下線部参照）。後半では，ペナン戦争博物館の展示の中で最も目立つ場所にその絞首刑台レプリカが置かれている，日本陸軍軍人，山下奉文（ともゆき）について述べている。山下は，シンガポール華僑虐殺事件やマニラ大虐殺などの責任を問われ，軍事裁判で有罪判決を受け，マニラで処刑された。

> 　……(博物館の)創設者の「日本軍が悪者」という先入観が強いと思う。確かに虐殺や現地人にした仕打ちは非難されてもしょうがない。しかし偏った情報が多いと感じた。(中略) 沖縄にある平和記念資料館に訪れたことがあるが，平和記念資料館には当時の様子を書いた日記や，写真と名前入りで被災者の体験談などが多く展示されており当時の心境や悲惨な状況が書かれていた。それらは政府にコントロールされた情報などではなく，被害者の「本当」の声である。そういった実体験をもとにした文章であれば当時の状況が判断できるが，ペナン戦争博物館にはそういった展示が少なすぎた。一つだけ体験談を見つけたが，日付や名前はなかった。信頼性に欠ける。
> 　（中略）博物館では山下大将は極悪な指導者として描かれているが，果たして本当の彼はどういった人物だったのだろうか。彼の遺書には，戦時中の自身に対する自責の念と，平和を守るために必要な道徳的判断力の養成，科

> 学の平和的発展，女子教育，時代の人間教育への母の責任について述べている。(中略) 以下のように述べている。「子供が大人となった時自己の生命を保持しあらゆる環境に耐え忍び，平和を好み，協調を愛し人類に寄与する強い意志を持った人間に育成しなければならないのであります。(中略：アヤコ) これが皆さんの子供を奪った私の最後の言葉であります。」
> 確かに彼は現地の人達にとっては極悪非道な人間である。<u>しかし彼の遺書からわかるように彼は祖国のために自分の役目を全うしたことに対して強い責任を感じており，本当は戦争など好んでおらず世界平和と協調を願っていた人間であったことが分かる。</u>(中略) ここを訪れた人々は彼の本心を知るよしもないのである。(下線：筆者)

キャリー　：沖縄県の平和祈念資料館についてもう少し教えてほしい。

アヤコ　　：『はだしのゲン』にもあったけど，沖縄にアメリカ軍が上陸して戦闘が行われたんです。そのときに現地の人がたくさん死にました。戦後もその記憶を語り継ぐために平和祈念資料館がつくられて，被害にあった人の証言とか，手紙とか，名前と日付入りで保存されているのを見ました。

キャリー　：そういう資料はペナン戦争博物館では見かけなかった。そんな資料も展示すべきですね。そうしたら見た人がもっと信じる。

筆者　　　：ペナン戦争博物館は 2002 年にオープンしたそうです。当時の証言の記録とか今から集めるのは難しくないですか。

ショーン　：「Research Authority」がいるらしいから，集めようと思えば集められると思う。

筆者　　　：山下の遺書を引用して，彼が「*本当は戦争など好んでおらず世界平和と協調を願っていた人間であったことが分かる*」と書いていますが，本当にこの遺書だけで「分かる」と言えるんですか？　処刑される間際に書いたことで，そのときはそういう気持ちだったかもしれないけど，戦争中そのような考えを持ち続けていたかどうかは分からないんじゃないですか。

アヤコ　　：……。
筆者　　　：アヤコさんは山下に戦争責任があると思う？
アヤコ　　：あると思います。
筆者　　　：山下の遺書を戦争博物館の展示に含めるべきだと思う？
アヤコ　　：……そう思います。
筆者　　　：ほかの人はどう思いますか。
ウェンディ：この遺書は，山下が死ぬ直前に書いたことだから，本当にずっとそう考えてきたかどうか分からないと思う。だから博物館に展示するべきではないと思う。

この議論後，アヤコは山下に関する部分を以下のように書き直した。

> 　……果たして本当の彼はどういった人物だったのでしょうか。日本のウェブサイトで調べたところ，処刑の前に残した言葉として，次のように書かれていました。(山下の遺書引用略：筆者)
> 　私はこれだけを見て，彼は祖国のためにと自分の役目を全うしたことに対して強い責任を感じており，本当は戦争など好んでおらず世界平和と協調を願っていた人間だったのではないかと思いました。<u>しかし授業内で他の学生と話し，遺書だけでは彼の本心はわからないという結論になりました。日本のサイトではやはり日本が有利になるような言い回しになりがちなのかもしれません。しかしそれはどこの国でも言える事かもしれません。</u>
>
> （下線：筆者）

　前半の部分で，アヤコはペナン戦争博物館が展示している「*体験談*」には，証言している人物の氏名や日付がないため「*信頼性に欠ける*」と述べている。そして「*信頼性に欠ける*」という判断に至った背景として，沖縄県平和祈念資料館を訪れたときの経験を語っている。キャリーは，アヤコに質問したことで，沖縄では多くの一般市民が戦闘の犠牲になったこと，その記憶を信頼性のあるものとして後世に伝えるために，平和祈念資料館では被害者の語りを氏名と写真入りで保存しているということを理解する。このやりとりからキャリー

は，アヤコがペナン戦争博物館の「*体験談*」を「*信頼性に欠ける*」と一蹴したのは，戦争被害の記録の仕方に対して自国内で真摯な努力が払われていることがアヤコの念頭にあったからだと理解したようだ（**概念の明確化**）。「そんな資料も展示すべきですね。そうしたら見た人がもっと信じる」と言っていることから，マレーシアの戦争被害の記録が「*信頼性*」のあるものとしてより深刻に日本人に受け止められるためには，同様の資料をペナン戦争博物館も提示するべきだと考えたようである。

しかし筆者は，戦後長い時間が経過したので，証言，特に「*信頼性*」があると一般に認められる当時に採られた証言を集めるのは，現実には難しいのではないかと伝えた。このとき筆者の念頭にあったのは，「信用のできる証拠がない」という「従軍慰安婦」問題などの戦後補償請求に対する日本政府の常套句だった。戦争被害の認知に関して言えば，被害者（国）だけに証拠の提示責任があるのだろうか？　加害を犯した側は，確固とした証拠が被害者によって提示されなければ，自身の加害責任を追及しなくてもいいのだろうか？　アヤコの「*信頼性に欠ける*」という言葉は，たとえ彼女の本心がそうではなくても，被害者の存在を認めないと主張する効果があるように感じられた。だが今回のやりとりでは，言葉と書き手の立ち位置や意図との関係を議論するまでには至らなかった。

次に筆者は，アヤコが山下の遺書を引用して，山下の「本心」が実は世界平和と協調を望んでいたということが「分かった」と，単純な結論に至ったことを批判した（**提示された論理への批判**）。後にアヤコが書き直した部分から分かるように，なぜ「分かった」と言えるのかを追求されて，アヤコはこの文章を書くうえで参考にした日本語のウェブサイトの論調に自分が影響を受けていたことに気づく。そしてウェンディが，遺書だけでは戦時中の山下の「本心」は分からない，と発言したことから，自分のようにこの遺書を解釈する人ばかりではないことに気づいたようであった（**見解の相対化**）。

しかし結局，山下の遺書をペナン戦争博物館は展示すべきだとクラスのウェブサイトで提言するのかどうか，展示するのならどのような説明を加えるべきなのか，というところまで議論を深められなかった。だが，修正されたアヤコの文章（下線部）は，それ以前のものとは明らかに別のインパクトを読み手に

与えるように思える。母国の歴史上の人物に関する情報を得る際、母語による情報のみに頼ってしまったこと。その結果、そのウェブサイトの論調に自分の解釈が流されてしまったこと。ウェブサイトの論調はしばしば自国の加害責任を逃れようとするものであること。そして歴史上の人物や事件に対しては別の解釈をする立場が存在すること。書き手によるこれらの告白、そして「それはどこの国でも言える事かもしれません」という警鐘とも言うべき一文を読んで、読み手は自己の歴史認識を振り返って点検しないだろうか。

7. 考察──コミュニカティブ・アプローチを再考する視点から

　伝統的なコミュニカティブ・アプローチの実践では、主にネイティブスピーカーが慣習的に行うコミュニケーションの形式をモデルとし、それを習得することによって初めて学習者は（ネイティブスピーカーと）「適切」なコミュニケーションを行うことができると考える（Johnson & Morrow (Eds.), 1981）。そのような実践では、対話者間の不均衡な力関係や使用されている言葉の意味を無批判に受け入れることを、無意識に学習者に求めてはいないだろうか。

　「戦争の記憶プロジェクト」は、相手に対し意味の交渉を求め、協働を通して意味構築をめざす姿勢が、対話者同士の関係をより対等で相互に謙虚なものにするという観点から行われた。前節で見てきたように、学習者は相手が自明なものとして使用する言葉について意味を確認したり、時には意図された意味に対して異を唱えたりすることが求められた。問いや異議を投げかけられた学習者の自明性の領域は狭められ、相手を納得させるためにほかの言葉で言い換えたり、説明を加えたり、論理を修正したり、多様な見解のうちの一つであるとして謙虚さを示したりしなければならなかった。自他の言説に内在する政治性に気づき、より公正な自己の姿を自問し、その実現のために他者に向けて言葉や行動を選び、時には新たに練り出そうする意識と姿勢は、権力構造という言説の磁場におかれた私たちにとってきわめて重要だろう。そのような意識をここでは「批判的メタコミュニケーション意識」と呼びたい（熊谷・佐藤論文（第1章）参照）。このような活動では、コミュニケーションを成功か失敗か、効果的かそうでないかで断じることはできない。なぜなら、このようなコミュニケーションでは、たとえ議論に決着がついたかのように見えても、個人

がそれまで持っていた信念や認識は容易に変更されず，感情的なわだかまりを生む場合も多々あるからだ。だが，たとえその時点で対話者間に納得の感情が生まれなかったとしても，異なる世界観に出会った驚き，違和感，困惑の経験は，今後の学習者の他者への意識や振る舞いに何らかの違いを生むのではないだろうか。学習者が参加するどの文脈にも権力関係が存在する。学習者は自他の言説の政治性を読み解き，他者とのより対等で相互に謙虚な関係を阻む問題を的確に捉える力が必要である。本プロジェクトの分析が明らかにした談話の目的の各カテゴリーを，そのようなコミュニケーションのためのストラテジーとして学習者に明示することは有効ではないだろうか。

「戦争の記憶プロジェクト」は以上で述べたように，批判的メタコミュニケーション意識の開発と，意味の協働構築としてのコミュニケーションの場として，読む・書くという行為を重視している。コミュニカティブ・アプローチに基づく実際の教室活動は，口頭での会話に重きが置かれ，読み書きが従属的に扱われる傾向がある（Kern, 2000）。だが，言葉に対して批判的考察を行うためには，書かれた文章のほうが対象にしやすい。読み書きを中心にしたうえで，口頭での意味交渉を行ったことが効果を上げたと思われる。

8. おわりに——「戦争の記憶プロジェクト」の今後の課題

今後取り組むべき課題の一つは，どのようにすれば参加者が互いの歴史認識に対する批判的考察をさらに深めることができるか，という点だ。参加者は，「マレーシア人／日本人」という国籍カテゴリーのほかに，「日本語母語話者／日本語非母語話者」，「学習者／教師」といった数種類の相対するカテゴリーに属していた。相対するカテゴリー間の力関係や他者に対する本質主義的な想定が，参加者たちの発言動機や発言内容に影響を与えていた可能性は大いにある。社会的通念やタブーも批判的思考の妨げになっていた。また，今回のマレーシア人参加者は全員が中華系であったが，マレー系やインド系マレーシア人の参加者がいる場合，議論はさらに難しくなるだろう。というのは，イギリスの植民地時代および日本軍占領期に，植民者・占領者はマラヤ（前マレーシア）にいた人々を民族ごとに異なる扱いをしたためだ。特に日本軍占領期，日本は日中戦争を戦っていたため，マラヤの中華系の人々を反日分子と敵視し，

大規模な粛清を行った。このように，マレーシアでは民族間で占領期の経験に大きな差があり，それが歴史認識の差となっている。戦後，マレー系主導で独立を果たしたマレーシアでは，マレー系を頂点とした権力構造が公的に維持されており，それぞれの民族が相互に感情的なわだかまりを持つ緊張関係にあるといってよい。民族が混ざり合うクラスで本テーマを扱うとき，「加害者／被害者」の二項対立で，戦時中のマレーシアの人間関係を分析することには困難が生じる可能性がある。その場合，学習者の心理的葛藤や議論の深めやすさに配慮して，付加的な分析の視点や想像力を使わせる教育活動が必要だろう（Shibahara, 2017 参照）。

　もう一つの課題は，どのようにすれば参加者が歴史認識の問題を今の自分と関連づけて捉えることができるか，という点である。そのためには，学習者自身が興味を持った人物や出来事を対象に，それぞれが読む・聞く活動をし，理解を深めていくこと，同時に「なぜ自分はそれを知りたいのか」という問いについて考える場を持ちたい。たとえば女子学生のミンは，なぜ戦争になると，いつも女は強姦されるのか，性奴隷にされるのか知りたい，と言った。ヒューマニスト的な発言が多かったキャリーは，なぜ，いつから日本の軍国主義が始まったのか知りたくて，インターネットで長時間そのことに関する記述を探した，と話した。また，ペナン戦争博物館の展示方法に対して批判的だったウェンディは，博物館の創設者に博物館創設の意図についてインタビューしたい，と言っていた。それぞれのテーマは，筆者が想像するだけでも，女性と他民族への複合的な差別，ナショナリズムや愛国心の問題，資本主義社会とビジネスにおける歴史認識の問題などへ深まっていく可能性がある。学習者がそれぞれ違った対象に関心を示すのは，彼らが皆違った価値観を持ち，興味の対象に潜在するテーマによってその価値観が揺さぶられるからではないだろうか。学習者それぞれが興味関心に自覚的になって，異なる角度からテーマについて考え，考えることを他者へ向かって表現することが必要である。そのようにして，歴史の流れに身を置く個人でありながら，別の歴史をつくり得る個人でもある自覚を育てることが，歴史認識の問題を言語教室で取り扱う大切な目的だと考えている。

謝辞

　研究対象となった「戦争の記憶プロジェクト」は，2011 年マレーシアのペナンで行われた Asian Literacy Conference の際，ブリティッシュコロンビア大学の久保田竜子氏に多くのアイデアをいただき実現した。論文執筆には久保田氏に加え，本書編者の佐藤慎司氏，および著者の熊谷由理氏に励ましと貴重なコメントをいただいた。厚く感謝の意を表したい。

参考文献

有田佳代子（2006）.「日本語教室における「論争上にある問題」（controversial issues）の展開についての試論――「日中関係の悪化」を例として」『WEB 版リテラシーズ』3(1), 1-10.

上野千鶴子（1998）.『ナショナリズムとジェンダー』青土社.

柴田直治（2013 年 1 月 15 日）.「〈インタビュー〉ルックイーストはいま――マハティール・ビン・モハマドさん」『朝日新聞』東京朝刊，11 面.

芝原里佳（2017）.「外国語教室で歴史認識を批判的に考察し再構築するための対話ストラテジーと克服すべき課題――マレーシアの日本語教室の『戦争の記憶』プロジェクトからコミュニカティブ・アプローチを再考する」『リテラシーズ』20, 41-55.

高畑勲（監督・脚本）（1988）.『火垂るの墓 [DVD]』（原作：野坂昭如），新潮社.

近松暢子（2008）.「日本研究と言語教育の狭間で――上級日本語コンテント・ベース・コース「戦争と日本人」の考察」畑佐由紀子（編）『外国語としての日本語教育――多角的視野に基づく試み』（pp. 119-134.）くろしお出版.

近松暢子（2009）.「米国におけるコンテント・コミュニティーベース授業の試み――米国シカゴ日系人史」『世界の日本語教育』19, 141-156.

近松暢子（2010）.「生涯教育としての日本語教育へ――「シカゴ日系人史」と「ハンナのカバン」を通して大学教育における日本語コンテントベース授業の意義と役割を考える」*Proceedings of the 22nd Annual Conference of the Central Association of Teachers of Japanese*, 11-20.

近松暢子（2011）.「ツールを超えた思考プロセスとしての日本語へ――コンテントベースにおける批判的・創造的思考活動の可能性」*Journal CAJLE*, 12, 1-22

中沢啓治（1996）.『はだしのゲン［中公愛蔵版］』1 巻，中央公論新社.

朴裕河（2014）.『帝国の慰安婦――植民地支配と記憶の闘い』朝日新聞出版.

矢野久（2006）.「賠償と補償」倉沢愛子，杉原達，成田龍一，テッサ・モーリス-スズキ，油井大三郎，吉田裕（編）『20 世紀の中のアジア・太平洋戦争』（pp. 177-206.）岩波書店.

Chikamatsu, N. (2012). Communication with community: Connecting an individual to the world through Japanese content-based instruction of Japanese-American history. *Japanese Language and Literature, 46*, 171-199.

Department of Statistics, Malaysia. (2018). *The source of Malaysia's official statistics*. Retrieved October 27, 2018, from https://www.dosm.gov.my/v1/index.php?r=column/cthemeByCat&cat=155&bul_id=c1pqTnFjb29HSnNYNUpiTmNWZHArdz09&menu_id=L0pheU43NWJwRWVSZklWdzQ4TlhUUT09

Johnson, B., & Christensen, L. (2008). *Educational research: Quantitative, qualitative, and mixed approaches* (Third edition). Los Angeles, CA: Sage Publications.

Johnson, K., & Morrow, K. (Eds.) (1981). *Communication in the classroom: Applications and methods for a communicative approach*. London, U.K.: Longman.

Kern, R. (2000). *Literacy and language teaching*. Oxford University Press.

Kramsch, C. (2009). *The multilingual subject*. Oxford University Press.

Kramsch, C. (2011). The symbolic dimensions of the intercultural. *Language Teaching, 44*, 354-367.

Kress, G. (2003). *Literacy in the new media age*. New York, NY: Routledge.

Kubota, R. (2012). Memories of war: Exploring victim-victimizer perspectives in critical content-based instruction in Japanese. *L2 Journal, 4*(1), 37-57.

Pennycook, A. (2001). *Critical applied linguistics: A critical introduction*. Mahwah, NJ: Lawrence Erlbaum Associates.

Ramlah, A., Abdul, H. S., & Muslimin, B. (2010). *Sejarah tingkatan, 3*. Kuala Lumpur, Malaysia: DPB & KPM.

Sato, S., Hasegawa, A., Kumagai, Y., & Kamiyoshi, U. (2013). Theories and practices of content-based language instruction: Toward "critical" Japanese language education. In K. Kondo Brown, Y. Saito-Abbot, S. Satsutani, M. Tsutsui, & A. Wehmeyer (Eds.), *New perspectives on Japanese language learning, linguistics, and culture* (pp. 50-69). Honolulu, HI: National Foreign Languages Resource Center.

Shibahara, R. (2017). Reflections on "memories of war": Project-based learning among Japanese-as-a-foreign-language (JFL) students at a Malaysian university. *L2 Journal, 9*(3), 21-49.

第7章

コミュニケーションの「デザイン者」をめざして
── 「デザイン」概念に根ざしたデジタル・ストーリーテリング実践

此枝 恵子

1. はじめに

　言語を教えるうえでの目標はさまざまあるが，その中で重要な位置を占めるのは「コミュニケーション」だろう。私たちの教える「ことば」は，「コミュニケーション」の主要なリソースである。しかし，言語教育の現場での「ことば」は，どのような「コミュニケーション」のために使われているだろうか。

　また，言語を学ぶ学生は，その言語の「学習者」であると同時に「使用者」でもある。学び始める前には他人のことばであった言語を学び，借りて使う中で，いつ学生はその言語を自分のものとして使ってコミュニケーションできるようになるのだろうか。

　本章では，コミュニカティブ・アプローチとは対照的な言語観を元にしたマルチリテラシーズ理論（The New London Group, 1996）の代表的な概念「デザイン」に根ざした実践から，学生が学習中の言語を用いた「コミュニケーション」を「デザイン」する可能性を探る。

2. 二つのコミュニケーション・言語観

　コミュニカティブ・アプローチの画期的な点の一つは，言語学習の目的と手段に「コミュニケーション」を取り戻したことだと言えるだろう。コミュニカティブ・アプローチの元で，言語学習者は教室内で言語を使ってさまざまなコミュニケーション活動に取り組む。また，それらの活動は教室外でのコミュニケーションを念頭に置いている。ただ，インフォメーション・ギャップに代表

第7章　コミュニケーションの「デザイン者」をめざして　157

されるコミュニケーション活動は，与えられた情報をやりとりする相互行為と意思疎通を手段としながら，文法項目や語彙が使えるようになることを主目的とすることが多い。つまり，活動は言語体系習得のための手段となることが多く，自己表現活動（百済・西口論文（第2章）参照）のようなタスク主導型・学習者主導型を除いては，「コミュニケーション」の目的設定に学生が関わることは少ないようだ。

　また，規則に則って文やディスコースが作れることを目標とする活動の前提となっている言語観は，習得対象の「ことば」が比較的安定したシステム，つまり体系立った構造であるという見方だと言えるだろう。これは，コミュニカティブ・アプローチが言語学・行動主義心理学の言語観を引き継いでいるためでもあろう。

　この言語観と対照的なのは，言語は社会文化的活動の目的に合わせて常に変わり続ける流動的なものだと捉える社会文化的アプローチである。このアプローチでは，言語は固定的なものではなく，使用者の社会的目的に合わせて，変わり続けるコミュニケーションのリソースだと考える。つまり，社会文化的アプローチの言語観は，コミュニカティブ・アプローチにおいてよりも「コミュニケーション」を中心に据えたものだと言えるだろう。

　もちろん，社会文化的アプローチでは言語に規則的な体系がないと考えられているというわけではない。よくある場面で使われるコミュニケーション様式はパターン化され，表現なども通例となる。しかし，これらは規則的であっても規範ではなく，実際の状況，場面，目的に即して破ることが好まれることもあるのである。

　この社会文化的アプローチを分かりやすく説明する理論に，「デザイン」概念を中心に据えるマルチリテラシーズ理論（The New London Group, 1996）がある。この理論によると，コミュニケーションは，「既存のデザイン（パターン化されたもの）」を社会文化的文脈・目的に応じて組み合わせたり改善したりすること（これを「デザインの過程」と呼ぶ）を通して行われるとする。その過程で組み合わされたり改善されたりした「既存のデザイン」は「再デザインされたもの」になる。

　この理論は，次のことを示唆する。

(1) 「ことば」は，それぞれの社会文化的文脈における使用者たちのコミュニケーションの目的に合わせた「デザインの過程」を経てパターン化されたものが「既存のデザイン」になったものである。
(2) コミュニケーションを行ううえで，私たちは場面や目的に合わせて「既存のデザイン」を組み合わせたり改善したりする「デザインの過程」に携わっている。
(3) 私たちは，「ことば」という「既存のデザイン」を使う中で，「デザインの過程」の結果として，新しい「ことば」(「再デザインされたもの」)を生み出している。
(4) 「ことば」はマルチモードのコミュニケーションのリソースの一つであり，「既存のデザイン」は「ことば」のみではなく，ジェスチャー，シンボル，音楽なども含む。
(5) コミュニケーションに携わる人は，自らのコミュニケーションの目的に合わせて「デザインの過程」に携わる「デザイン者」である。

　つまり，マルチリテラシーズ理論は，「ことば」を利用するコミュニケーション者の活動の過程に着目することによって，体系立ったように見える「ことば」(「既存のデザイン」)をも，時にそれを逸脱する実際の言語使用(「再デザインされたもの」を生み出す「デザインの過程」)をも説明できる理論である。また，「ことば」を使う一人ひとりの「デザインの過程」が変化を生み出すと考えることで，「デザイン者」の主体性に光を当てていると言えるだろう。
　本章ではマルチリテラシーズ理論の「デザイン」概念を念頭に置いて行ったデジタル・ストーリーテリング活動の実践を紹介し，その活動過程で学生がどのように「既存のデザイン」であるビデオの例を読み解き，自らの目的に合わせた「デザインの過程」を通して，どのような「再デザインされたもの」を作り出したかを分析する。

3. 「デザイン活動」としてのデジタル・ストーリーテリング活動

　デジタル・ストーリーテリングは，コンピューターを使って，ナレーション，音楽，画像を組み合わせて，自らの経験を語るビデオを作る活動で，1980

年台のアメリカの地域学習センターに遡る。初期の実践は，その声が届きにくいと言われる一般の人々のライフストーリーを伝えることを目的として，公教育の外で行われた。たとえば，家にパソコンを持たない若者が地域センターのコンピューターでビデオを作り自己表現をする中で社会とつながる手段として（Hull & Nelson, 2005），また小中学生が放課後の学習センターで支援者と協同的に自らの物語を語る中で読み書きの力を伸ばすだけでなく肯定的アイデンティティを見出す手段として（Davis, 2005; Ware & Warschauer, 2005）などである。これらの実践が評価され，2000年台には学校教育にも取り入れられ，外国語教室においても，テクノロジーの発達を活かし，学習者が社会に向けて自らを発信するタスクとして注目を浴びている。第二言語教育における実践と研究の高まりは Godwin-Jones（2012）が紹介している。

　第二言語教育では，内容を重視し，聴衆を意識した発表能力を身につけることが期待されている。たとえば，アメリカの大学のスペイン語教室での実践を報告する Castañeda（2012）は，学生が本当に伝えたいストーリーを地域のスペイン語話者という教室外の聴衆に向かって話す中で，学生の意識が言語やテクノロジーの正確な運用からメッセージの伝搬へ移ったとしている。また，アメリカの高校のスペイン語教室での実践（Castañeda, 2013）では，デジタル・ストーリーテリングはテクノロジー・リテラシーを含む21世紀スキルを育成する活動だとしている。Hayes（2011）はオーストラリアの大学の日本語中級教室で行われた「日本と私」というデジタル・ストーリーテリング活動を報告し，中級初期の学習者にとって難しい評価・意見・感情を盛り込んだ語り方をすることに挑戦する動機づけとなるとしている。また，Konoeda（2012）はアメリカで日本語を学ぶ初級後期の学習者が教室や教科書から談話パターンやよく使われる表現などを借り，工夫して組み合わせてビデオを作ったことを報告し，学生の創造性を伸ばす可能性を示唆している。

　マルチリテラシーズ理論に基づいた実践は，デジタル・ストーリーテリング以外にもさまざまな形を取ることができ，外国語授業での多様な実践は Kumagai, López-Sánchez, & Wu (Eds.)（2016）に収められているが，その中でもデジタル・ストーリーテリングは「デザイン」概念を観察するのに向いている。デジタル・ストーリーテリングでは，ビデオを録画するのではなく，ナ

レーション，画像，音楽という3種類のメディアをそれぞれ準備して組み合わせるため，その組み合わせに自由度が高く，「既存のデザイン」を選び組み合わせる「デザインの過程」が見えやすいからである。

外国語学習者の「デザインの過程」に焦点を当てた文献の例に，Nelson（2006）が挙げられる。これは，アメリカの大学のESL教室で学生が作成したビデオにおいて，画像，ナレーション，音楽を意図的に組み合わせることでストーリーのメッセージをより強く伝える効果があることを検証している。また，台湾の大学の英語コースでの実践を分析したYang（2012）は，学生が語り手としての意図に合わせて画像，音楽をデザインし，想像力を活かした作品作りをしたと報告している。創造性のみならず，Vinogradova, Linville, & Bickel（2011）は上級ESLコースで学習者が多言語・多文化的なデザイン要素を批判的に取り入れてビデオを作ったことも報告している。

これらの文献から，デジタル・ストーリーテリングが学生の「デザインの過程」を可視化することが分かるが，これらの実践報告では学生がビデオ作りを通して物語を語ることに重きが置かれているため，学生が「既存のデザイン」であるほかの人が作ったビデオをどのように解釈し，その解釈を「デザインの過程」に反映させたかは考察されていない。多くの実践では，初めに例を見せて学生にイメージを膨らませることが多い。しかし，これらビデオの例を「既存のデザイン」と捉え，これらを学生がどのように読み解き，自らのデザインに活用したかという視点から書かれているものは見当たらない。本章は，そのギャップを埋めることを目標とする。

4. 「既存のデザイン」を読み解いたうえでの「デザインの過程」

本章で報告する実践は，2012年秋学期にアメリカの私立女子大学で，日本語3学期目のコース（2年目前期）後半の約3ヵ月間にわたって行われた。このコースは週5回，それぞれ50分の授業があり，初級教科書の2冊目を使いながら，4技能を総合的に伸ばすクラスで，大学1年生から4年生の18人の学生が履修していた。プロジェクトは，4時間の授業内ワークショップ，授業内発表会，授業外の課題を組み合わせる形で行われた。

実践の流れは，協同的にビデオを読み解く段階を組み入れるため，3段階に

分けて行った。まず，(1) 日本で作られてインターネット上に投稿されているビデオを授業で取り上げて，視聴・分析したうえで（読み解きのワークショップ2回），(2) 自らのビデオを作成し（テクノロジー・ワークショップ2回および授業外活動），(3) 学期末に発表するという形をとった（図1参照）。

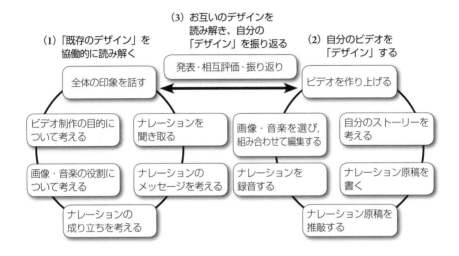

図1　デジタル・ストーリーテリング実践の流れ

　第1段階では，教員がYouTube上で「デジタル・ストーリーテリング」というキーワードで検索したビデオから，ナレーションの音声が聞きやすく学生が共感できそうな内容の3分程度のビデオを二つ選び，それらのビデオを読み解く授業を行った。その授業のために，注目してほしい事柄を指示するワークシート，語彙リスト，ビデオの書き起こし原稿を準備しておいた。授業はコンピューター教室で行い，学生はペアで何度もビデオを視聴しながら，ワークシートの質問に沿って，原稿の一部を聞き取ったり，ビデオのメッセージを探したり，音楽や画像選択の適切さについて話し合ったりした。これらの活動は，ほかの人が作ったビデオという「既存のデザイン」が，どのような目的で何を組み合わせて作られたものか，意識させることがねらいだった。二つのビ

デオのトピックは「私の大切なもの」「忘れられない経験」であり，ペアで気がついたことをクラス全体で共有した後に，第2段階への橋渡しのため，自らにとって大切なものは何か，忘れられない経験があるか，話し合った。

第2段階では，「私の大切なもの」，もしくは「忘れられない経験」のどちらかについて個人でビデオを作成した。第1段階で視聴したビデオと同じテーマを課すことで，読み解いた「既存のデザイン」を「デザインの過程」に活かすことを期待していた。学生たちは，まず，どのような物語にしたいか，ペアでアイデアを出し，話を伝える練習をした。それから自分のビデオのナレーション原稿を書き，教員のコメントを受けて推敲した。そして，それを無料の音声編集ソフト Audacity を使って録音した。その後，画像・音楽を選び，ビデオ編集ソフト iMovie を使って編集し，ビデオを作成した。

第3段階の発表会では，自分が制作したビデオを紹介し，見せてから，質疑応答を行った。また，コメントを書く形でお互いのビデオを相互評価させた。最後に，相互評価を読んだうえで，制作過程と作品についての振り返りを書く宿題を課した。この振り返りには，第1段階で視聴したビデオから学んだこと，第2段階で作成した自分のビデオについて考えたこと，相互評価を読んで考えたこと，将来ビデオを作る際に気をつけたいことを書かせた。

5. 学生のデジタル・ストーリーテリングから

初めてデジタル・ストーリーテリングのビデオを授業で見た学生は，まず，コントロールされていない言語の難しさに圧倒されていた。日本語3学期目の学生にとって，日本語学習者対象に作られたわけではない3分間のビデオを見ることは衝撃的で，プロジェクト後のインタビューでも，第一印象は「分からないと思った」と言う学生が複数いた。しかし，語彙リストと書き起こし原稿を見ながら，自分たちのペースでワークシートの質問に答えるために繰り返して視聴した後には，声のナレーション・音楽・絵や写真を組み合わせることで，自らの体験から伝えたいことを語るジャンルを理解し，また，語り手の世界に触れて「興味深い」「やってみたい」という印象に変わっていた。

学生はどのような形で，この「例」を「既存のデザイン」として読み解き，自らの作品作りに活かしたのだろうか。プロジェクト後，元学生7名に行っ

たインタビューで，デジタル・ストーリーテリングの過程でどのようなことを考え，行ったか，語ってもらった[注1]。そのインタビューでの語りに「例」として視聴・分析したビデオを参考にしたという学生が少なくなかった。しかし，「例」の何をどのように参考にしたのか，それぞれの学生の事例を見ると，単に真似たのでなく，自らの目的に合わせて，自らのストーリーに関連する「例」の性質をデザイン活動に取り入れていたことが明らかになった。

　ここからは，ミン，ケンドラ（仮名）と呼ぶ2名の学生を事例として取り上げ，2人が作ったビデオを紹介しながら，2人が設定したコミュニケーションの目的と，「デザインの過程」で「既存のデザイン」の何をどのように取り入れたのか，検討していく。この事例を取り上げるのは，2人がそれぞれ設定したコミュニケーションの目的が「デザインの過程」において中心的な役割を果たしていたことが，インタビューの語りから特に顕著だったからだ。

5.1　ミン——視聴者に考えさせ，教訓を伝える

　ミンは当時大学2年生で，統計と経済を専攻する，日本語学習にも熱心な中国からの留学生だった。大学入学前から日本に興味を持ち，趣味の一つは日本のテレビ番組を見ることで，その中からも日本語表現や日常生活に関わる知識などを得ていた。

　ミンのビデオ「私の大切なもの」は，「私の大切なものは両親の愛です」という文のナレーションに始まる。ピアノの練習を無理強いして「あなたのために」と繰り返す両親と自分は理解し合えないと思っていた子供時代，母親が留守の間に父親が残したミンの健康を気遣うメモを読んで「あなたのために」の意味が急に理解できた中学生時代，その後，留学生として一人でしなければいけないさまざまなことを両親が教えていてくれたと思うようになったと語っている。そして，ナレーションの最後は，「皆さんはどう思いますか。ご両親は生まれたときから，ずっと一生懸命私たちを配慮するのが当たり前のことだと思いますか。今，ご両親に一番言いたい言葉は何ですか。私は『愛してる』ですよ」と締めくくっている。

注1　この7名のインタビューは筆者の博士論文（Konoeda, 2016）のために収集したデータで，本章はそのデータの一部を元にした。

筆者が初めて見たとき，ミンの作品は両親へのラブ・レターのように感じられたのだが，インタビューから，彼女の意図はそうではなかったことが分かった。実はミンは両親にビデオを見せておらず，意図していた聴衆はクラスメートだと言う。インタビューでは，海外に住みながらどのような親子関係をめざすかという話題は，同じく一人っ子の中国人留学生との間で話題になり，葛藤していたと話していた。

両親について語ることを決めた後，ナレーションを準備した過程について，インタビューで以下のように話している[注2]。

此枝：トピックを選んで，写真からいろんなことを思い出して，それがどうやってストーリーになっていったの？

ミン：うーん，やはりなんか目的がありますからね。目的は，学生，友達？　クラスメートに，教えますから。あ，もし自分のためにそんなビデオ作る必要がないですね。はい，プライベートの話だけど，そんな小さいグループの中で教えてもいいかなあって思って。みんなにシェアしてもいいかなあって。あの，なんか安全なスペースの感じ。そうですね。ほかの人にあの，両親はすごく大切なものだよと教えたいです。教えたかったら，そのトピックを選んで，じゃ，教える目的を考えながら，書きました。シェアしてますけど，教えます。（中略）すごくプライベート，自分の話なんですけれど，でもほかの人が聞いたら，うーん，多分，自分のことも考えますね。かもしれないと思って，書きました。

此枝：じゃあ，目的は，自分の家族について聞いてもらうことよりも，ほかの聞いた人がそれぞれの家族のことを考えてくれること？

ミン：そうです。あと何でしたっけ，あ，うーん，やっぱりいろんな文化の中で両親の関係は違いますから，多分ほかの人はそう思わないから，その思いをさせたい感じ。（中略）だからあんまり考えてない

注2　インタビューは，参加した学生の希望に合わせて，英語もしくは日本語で行った。7名の中で，ほぼ日本語だけでインタビューを行ったのはミンのみだった。ここでは，分かりやすくするための最小限の編集を行い，話題が逸れた部分を途中省略した。

第 7 章　コミュニケーションの「デザイン者」をめざして　165

人に考えさせたいです。

　ここでミンは、コミュニケーションの目的に駆り立てられてデザインの過程に携わったことを明らかにしている。彼女にとって、デジタル・ストーリーテリングには、その発表会の視聴者であるクラスメートに両親の大切さを教えるという目的があった。自分の子供時代の経験を語ったのは、両親についてあまり考えたことがないクラスメートに両親について考えさせるためだった。
　またミンは、視聴者であるクラスメートを考慮に入れたデザインをしていたことが分かる。クラスメートの文化的背景を考慮し、親子関係についてどう考えているだろうかと想像し、また、教室という安全な空間の中であることを意識して、個人的な家庭事情についても開示することを決めている。インタビューで画像選択について尋ねると、子供時代の経験が伝わるよう、自分の子供時代の写真を含めたと話していた。
　このように、ミンは、視聴者に「考えさせる」という目的を持ってビデオを作成していたが、それは彼女が例として見たビデオから学んだことと一致していた。活動後の振り返りの宿題で、ミンは以下のことを学んだと書いている[注3]。

　　1.　クラスで見て分析した 2 つのビデオからどんなことを学びましたか。
　　　　内容に関連した絵を使うことを学びました。絵と文の関係が完全ではなくても、「私の大切なこと」のように、ムードを作り出すこともできると学びました。また、非常に短いビデオを使って、視聴者に重要なメッセージを伝えることが実際にできると学びました。

　また、発表会のときにほかの学生が書いたコメントを読んで、振り返りの中でミンはその目的は遂行できたと書いている。

　　　　視聴者は、親の愛が非常に重要だというメッセージも、親の愛が自分の

注3　振り返りの宿題は、ワークシート上の英語での質問に英語で答えを書く形式を取った。ここには筆者による日本語訳を掲載する。

人生で前向きな力になっていることも理解してくれました。ビデオでメッセージを効果的に伝えることができて嬉しいです。

　ミンがクラスメートに伝えたいメッセージを目的としてビデオを作ったことは，彼女なりの「既存のデザイン」解釈に基づくものであったと言える。例として視聴したビデオの一つ「私の大切なこと」の語り手は，すべての決まりごとに反抗した経験から，一つ一つの行動の理由を「自分の頭で考えること」の大切さを学んだ，と語っている。このビデオを見たミンは，考えさせられ，語り手から教訓を受け取ったのだろう。このビデオの語り手が何かメッセージを伝えていることはほかの学生も読み取っていたが，教訓を含むと解釈をしたのは，インタビューした7人の中でミンだけだった。
　このように，例として視聴した「既存のデザイン」の教訓的な可能性に着目したミンは，自分がよく考えていてほかのクラスメートにも考えてほしいトピックを選び，クラスメートの共感を得るために，自らの経験の個人的・感情的な細部を開示することに決めた。
　また，その経験を語った後で，「皆さんはどう思いますか。ご両親は生まれたときから，ずっと一生懸命私たちを配慮するのが当たり前のことだと思いますか。今，ご両親に一番言いたい言葉は何ですか」と視聴者に問いかけ，「私は『愛してる』ですよ」と自らの経験に戻って締めくくっている。「既存のデザイン」とした例の「私の大切なこと」ビデオでは「私」の視点からの語りに終始し，このように視聴者に問いかけることはなかった。つまり，このような直接的な問いかけを含めることは，「考えさせる」目的を確実に実行し，「親に感謝し愛すべき」という教訓に共感させるために，ほかの「既存のデザイン」と組み合わせた「デザインの過程」だと言えるだろう。
　ミンは，例として視聴したビデオの「既存のデザイン」の教え考えさせるという目的を，授業内外で習った言葉を組み合わせてさらに強化し，「経験から視聴者に何かを考えさせる」ストーリーという「再デザインされたもの」を作ったようである。

5.2 ケンドラ——大変化を伝えながら，楽しませる

　ケンドラは当時大学2年生，神経科学を専攻し，大学入学前から日本語を学習していた。ヨーロッパ系アメリカ人で，大学と同じ州の出身だった。日本に興味を持ったきっかけはアニメとそのテーマ・ソングで，幅広い音楽鑑賞を趣味としていた。

　ケンドラのビデオ「人と同じ女の子：私の大切なこと」は，「私の大切なものは私のスタイルです」というナレーションに始まる。子供時代は服装に興味がなく母親に服を選んでもらっていたが，自分の服を決めるよう親に言われてからは親友のファッション・スタイルを真似ていたという。しかし，ある日テレビで同年代の子供が死んだニュースを見て「もしその瞬間に私が死んだったら，みんなはどう私を覚えますか。自信がない子か，人と同じに見える子か」（ナレーション）[注4]と考え，自分らしいスタイルを探し始めたという。「今，人と同じに見えるが嫌いです。だから，私のいちばん大切なものは，私のスタイルです」というナレーションで締めくくっている。

　また，ケンドラのビデオでは，ナレーションの背景に2種類の音楽が使われている。初めからニュースの場面までは，静かで穏やかなピアノソロのクラシック音楽，ニュースの場面から本編の終わりまでは，ドラムとギターが次第に大音量になっていくドラマチックなロック音楽である。さらに，ケンドラは2分55秒の本編に続けて，55秒の「失敗集」を作成し，追加している。これは課題の一部ではなく，教員への相談もなく，本人が自発的に制作したものだった。自分がナレーション録音中にしてしまった「おもしろい間違い」（インタビュー）の音声ファイルを選んでつなぎ合わせ，手書き風のイラストと合わせて作られている。

　ケンドラが個人的な変化を語ったことは，彼女が例として視聴したビデオから学んだことのようだ。ビデオ作成後の振り返りの宿題にこう書いている。

1. クラスで見て分析した2つのビデオからどんなことを学びましたか。

注4　ナレーションの中の文法は手を入れずに複製した。この実践では二つのビデオを視聴・分析する時間を取ったため，自分のビデオのナレーション原稿を推敲する時間が短くなり，若干の誤用が残ってしまった。

どちらのビデオも語り手が経験した変化に焦点を当てています。一つ目は「いい子」から「悪い子」，二つ目はボランティアについての意見の変化です。また，二人はその経験の中の出来事について感じたことについて，かなり書いています。行動よりも，考えに焦点を当てています。

2.　あなたのビデオ作りは，1（2つのビデオから学んだこと）からどのような影響を受けましたか。
　　　クラスで見た一つ目のストーリーからインスピレーションを受けました。私の人生で経験した最大の変化の一つについて書くことにしました。二つのビデオのように，考えや気持ちに焦点を当てようとしました。単にすごいと思う出来事ではなくて，自分にとって重要なことを書きたかったです。

　これらから，ケンドラが「既存のデザイン」から，「個人的に意義がある大変化について，その時に感じていたことを含めて語る」という語りのジャンルの性質の一つに注目したことが分かる。ミンも個人的な経験を語っているが，その目的は経験から教訓を与えて考えさせることであった。ミンの注目した「教える」目的とは異なり，ケンドラは視聴者に自分のファッション・スタイルを持つよう勧めているわけではない。この二人は，同じ「既存のデザイン」の異なった解釈に基づいて，異なった側面に注目したことが分かる。
　ケンドラが二つの音楽を用いていることも，「個人的に意味がある大変化」というメッセージを増幅させるためである。「既存のデザイン」である例のビデオでは，初めから最後まで一貫して穏やかなクラシック音楽が流れていた。つまり，ケンドラは「既存のデザイン」のナレーションの性質を音楽にも延長し，応用したと言える。幅広いジャンルの音楽鑑賞を趣味とするケンドラならではの，教室外に起因する「既存のデザイン」を組み合わせた「デザインの過程」だと言えるだろう。
　これらの「デザインの過程」は，ストーリーラインや音楽のみではなく，言語面でも行われていた。ナレーションを準備するために，ケンドラは自分の習った日本語を駆使し，それでも伝えきれない表現について教員に助けを求め

第 7 章　コミュニケーションの「デザイン者」をめざして　169

ていた。変化のきっかけとなった瞬間に考えたとされるナレーション「もしその瞬間に私が死んだったら，みんなはどう私を覚えますか。自信がない子か，人と同じに見える子か」も，彼女が学んできた日本語能力を最大限に伸ばしたものだった。「覚える」という単語は学んだものの，このような使い方はしたことがなかったので大丈夫か，また辞書を引いて探した「自信」はこの意味に使えるか，尋ねられたことを覚えている。また，表題の「人と同じ女の子」にも使われた「人と同じに見える」も「同じ」という単語は知っていたが，これを「女の子」を修飾する形で使ったり，「に見える」と合わせて使ったりする用法は，ナレーション原稿を書きながら筆者の助言から学び，録音を繰り返す中で獲得したものだった。このように，個人的に意義がある大変化，その時に感じたことを含めて伝える，という目的のために，教科書で学んだ単語のよく慣れた使い方（「既存のデザイン」）に自らの意図を加えて言語上でも「デザインの過程」に携わっていたことが分かる。

　そして，本編に続けてビデオに収録した「失敗集」は，授業中の発表会でクラスメートの大爆笑を引き起こした。インタビュー中もビデオを見ながら「あー，この部分，好き」と言い，笑いながら見ていた。ナレーションの失敗音声と合わせたイラストには，やる気のある顔，失敗して苛立った顔，鼓舞する動作，完成を喜ぶ動作などがあった。録音中の苦楽を記録に残し，テレビ番組の NG 集を思い起こさせる形式で表現し，聴衆であるクラスメートを楽しませ，共感を誘うことに成功していた。

　前にも述べたように，「失敗集」は自発的に制作されたことから，自分とクラスメートを楽しませる目的で加えた「再デザインされたもの」であると言える。これは，視聴者であるクラスメートにも共感してほしい気持ちの表れにも思える。「ほかの学生が書かないようなユニークな経験を語りたい」という動機づけとは，一見，相反するように思えるかもしれない。

　この「失敗集」の最後から 2 枚目のイラストに，ケンドラは同じコンピューター教室で録音していたクラスメートの 1 人を登場させている。度重なる失敗の後，首尾よく読んでいたのに最後で間違えて落ち込んでいるケンドラの近くで，このクラスメートは「あははは」と笑っている。インタビューで，彼女は「私もその苦労は分かる」と温かく笑っているのだと説明していた。個性を表

現するビデオを作る一方で，学習者としての苦労を分かち合いたいというケンドラの立ち位置も，彼女の「デザイン」だろう。

　ケンドラは，クラスメートを意識しながら，教えたり考えさせたりするのではなく，自らの個人的に有意義な大変化を語った。そのために，音楽という趣味の分野の「既存のデザイン」を利用し，学習中の日本語を発展的に駆使した。また，ビデオに「失敗集」を加えるという「デザインの過程」により，学習者同士で分かり合える苦楽を共有し，共感を呼んだ。

6. マルチリテラシーズ理論におけるコミュニケーション

　ミンとケンドラのデジタル・ストーリーテリングは，自分の経験から短い物語を語るという共通項があるが，異なる部分もあった。2人は，「既存のデザイン」であるビデオの異なった解釈に合わせて，自分の作ったビデオに異なる目的を持たせていた。また，その目的遂行のために，さらに「デザインの過程」に携わっていた。2人が設定した目的と「再デザインされたもの」の特徴をまとめると，表1のようになる。

表1　ミンとケンドラのビデオ制作の目的と「再デザインされたもの」の特徴

	目的	「再デザインされたもの」
ミン	・視聴者に教訓を伝え，考えさせる	・自己開示する（自らの子供時代・写真） ・直接問いかける質問をする
ケンドラ	・意義がある個性的な大変化を，その時の感情を含め伝える ・視聴者の共感を得る	・大変化の経験を語る ・2種類の音楽を使う ・言葉の使い方を工夫する ・「失敗集」を作る ・「失敗集」にクラスメートの絵を入れる

　この2人に共通していることは，コミュニケーションの目的が制作上果たした中心的役割と，コミュニケーションの相手である視聴者との関わり方である。その二つについて，以下に見ていく。

6.1 コミュニケーションの目的

　体系だった「ことば」を学ぶために「コミュニケーション活動」を取り入れ

る授業内活動と違い，ミンやケンドラの「ことば」の使い方は，それぞれの主体的なコミュニケーションの目的に主導されたものだった。

　第5節で見たように，ミンは聴衆に考えさせるために，自己開示の程度を決め，個人的な学びを語るとともに，「みなさんはどうですか」と問いかけることにした。ミンは目的を持って主体的な「デザインの過程」に携わる「デザイン者」となっていた。同様に，ケンドラも自分の目的に合わせた「デザインの過程」に携わっていた。「自分にとって意義がある大変化を，その時の感情を含めて伝える」ため，自分の経験のどの部分を語るか決め，その変化を音楽で増幅させていた。また，そのときの感情を伝えるために，それまでに習ってきた語彙や文法を教員の手を借りながら創造的に引き伸ばした言語面の「デザインの過程」にも従事している。

　このように，学習者が主体的に目的を設定できるコミュニケーション活動であることは，コミュニカティブ・アプローチを超えるための大きな原動力だったようだ。

6.2　コミュニケーションの受け手に働きかける

　文法・語彙習得のために与えられた情報をやり取りする相互行為と意思疎通を行うのとは違い，ミンやケンドラはコミュニケーションの相手である視聴者に積極的に働きかけようとしていた。

　第5節で見たように，ミンは視聴者に何かを考えさせるという影響を与えることを目標とした。そのため，自分の語り方，問いかけを工夫していた。また，ケンドラは自分が大変化の経験の中で感じたことを共有することで，視聴者の共感を誘う「デザインの過程」を行っていた。ケンドラは，本編で自分の経験の中で感じたことを共有するのみならず，「失敗集」ではビデオ作りの中で感じたことを共有し，自分の物語についてもビデオ作りについても，二重に共感を誘っていた。

　2人のデジタル・ストーリーテリングから，視聴者を意識したコミュニケーションに携わったことで，コミュニケーションの受け手に積極的に働きかける機会ができ，それがリソースとしての「ことば」の学習につながっていたことが分かる。

7. おわりに

　本章では，マルチリテラシーズ理論の「デザイン」概念を念頭に置いて，日本語3学期目のコースで行ったデジタル・ストーリーテリング活動で学生がどのような「デザインの過程」に携わっていたかを検討してきた。学生たちは，ビデオ制作前に授業で「既存のデザイン」として視聴・分析したビデオから，コミュニケーションの目的をそれぞれに学び取っていたこと，また，その目的に合わせて，教室内外で学んだ言葉，音楽，写真などを主体的に組み合わせる「デザインの過程」を通して「再デザインされたもの」を作り出していたことが見られた。このような活動では，コミュニカティブ・アプローチで見逃されがちな，コミュニケーションの目的や相手を意識するという性質が取り戻せると言えるだろう。

　しかし，マルチリテラシーズ理論の「デザイン」概念は，ここで紹介したデジタル・ストーリーテリング活動だけに応用されるわけではない。「デザイン」概念に基づく教室活動に重要な二つの事項を挙げて，本章を締めくくりたい。オンライン上のさまざまな言語活動を教室内に「橋渡し」するThorne & Reinhardt（2008）にもこれらの特徴は表れている。

　まずは，教室外で言語使用者が行っているコミュニケーションのジャンルを教室に取り入れることが挙げられる。この実践では，日本語学習者対象ではないYouTubeのビデオからデジタル・ストーリーテリングというジャンルを用いたが，日本語のコミュニケーションにはさまざまな場面・ジャンルのものがある。地域に日本語話者がいない場合はインターネット上，紙面上のコミュニケーション場面が使える。教授目的を離れたコミュニケーションに関わることで，学生は学んでいる言語を自らのコミュニケーションの目的のために使うことができる。「デザインの過程」に従事し，「再デザインされたもの」を作り出すためには，実際に使う場面設定が重要である。

　次に，その教室外のコミュニケーションの例を「既存のデザイン」として分析することが役立つだろう。日本語学習者対象ではない録音やテキストは初中級の学生にとっては手強いが，語彙リスト・書き起こしたものなどを使いながら，実際のコミュニケーションを読み解く中で，それらは言語使用者が自分のコミュニケーションの目的のために相手を意識して「デザイン」しているもの

であることが理解できる。また，そのテキストで「ことば」だけでなく，ほかの視覚的・聴覚的な要素が果たす役割にも注目させたい。初級の場合は学生の第一言語での例を使っても，この目標の一部は達成できるだろう。

　ことばを学ぶことは，新しいコミュニケーションの仕方を学ぶことだと言っていいかもしれない。その中で，自らの言語使用を振り返り，目的を持ち，相手を意識しながらコミュニケーションをすることで，ことばと社会の将来を積極的に作り出していくことを期待している。

参考文献

Castañeda, M. E. (2012). "I am proud that I did it and it's a piece of me": Digital storytelling in the foreign language classroom. *CALICO Journal, 30*(1), 44-62.

Castañeda, M. E. (2013). Digital storytelling: Building 21st-century literacy in the foreign language classroom. *NECTFL Review, 71*, 55-65.

Davis, A. (2005). Co-authoring identity: Digital storytelling in an urban middle school. *THEN: Technology, Humanities, Education, & Narrative, 1*(1). <http://thenjournal.org/index.php/then/article/view/32/31>

Godwin-Jones, R. (2012). Digital video revisited: Storytelling, conferencing, remixing. *Language Learning & Technology, 16*(1), 1-9.

Hayes, C. (2011). "Nihon to watashi: Japan and myself": Digital stories to enhance student-centred Japanese language learning. *Electronic Journal of Foreign Language Teaching, 8*, 291-299.

Hull, G. A., & Nelson, M. E. (2005). Locating the semiotic power of multimodality. *Written Communication, 22*(2), 224-261.

Konoeda, K. (2012). Digital storytelling and creativity in Japanese language education: Analysis of a digital storytelling project in an intermediate Japanese as a foreign language classroom. *Occasional Papers by the Association of Teachers of Japanese, 11*, 13-30.

Konoeda, K. (2016). Critical literacy and identities in world language education: Telling reflective stories of digital storytelling. *Doctoral Dissertations May 2014 - current, Paper 583*.

Kumagai, Y., López-Sánchez, A., & Wu, S. (Eds.) (2016). *Multiliteracies in world language education*. New York, NY: Routledge.

Nelson, M. E. (2006). Mode, meaning, and synaesthesia in multimedia L2 writing. *Language Learning & Technology, 10*(2), 56-76.

The New London Group. (1996). A pedagogy of multiliteracies: Designing social futures. *Harvard Educational Review, 66*(1), 60-92.

Thorne, S. L., & Reinhardt, J. (2008). "Bridging activities," new media literacies, and advanced foreign language proficiency. *CALICO Journal, 25*(3), 558-572.

Vinogradova, P., Linville, H. A., & Bickel, B. (2011). "Listen to my story and you will know me": Digital stories as student-centered collaborative projects. *TESOL Journal, 2*(2), 173-202.

Ware, P., & Warschauer, M. (2005). Hybrid literacy texts and practices in technology-intensive environments. *International Journal of Educational Research, 43*(7-8), 432-445.

Yang, Y. D. (2012). Multimodal composing in digital storytelling. *Computers and Composition, 29*(3), 221-238.

第8章

越境を支えるビジネス日本語教育
――ポスト・コミュニカティブ・アプローチの就職支援

三代 純平

1. はじめに

　21世紀に入り，世界的なグローバル化はますます顕在化し，国際的な高度人材獲得競争が加熱している。一方で，日本社会は深刻な少子高齢化社会を迎え，労働力不足が社会問題化している。このような社会情勢を受けて日本は留学生政策を大きく転換した（三代，2013）。従来の留学生政策は国際交流および国際貢献を目的とし，留学生は帰国後に親日派・知日派として日本とのブリッジ人材となることを期待した「途上国援助モデル」（横田・白土，2004）であったのに対し，新しい留学生政策は日本での将来的な労働力としての活躍が期待される「定住化モデル」（村田，2004）に基づいている。2007年には「アジア人財資金構想」プログラム（以下，アジア人財）が立ち上がり，2008年には「留学生30万人計画」が打ち出された。さらに，2012年には「グローバル人材育成推進事業」（以下，グローバル事業）が始まり，留学生の日本国内での就職を後押しする形となっている。そこで，日本国内の日本語教育においても留学生の就職支援が大きな課題となり，ビジネス日本語を中心に広く議論されるようになってきた。

　本章では，上記のような背景を持つ留学生の就職支援の議論とコミュニカティブ・アプローチ（CA）の関係を批判的に捉え返し，ポスト・コミュニカティブ・アプローチ（PCA）の就職支援の可能性と課題について議論する。まず，アジア人財からグローバル事業までの政策とそこでめざされている人材像，コミュニケーション能力について概観する。そのうえで，アジア人財以降のビジネス日本語の議論を振り返り，その議論がCAの議論の延長にあること

とその課題を論じる。さらに，PCA ビジネス日本語教育の方向性を「アイデンティティ」「参加」「越境」という三つの概念を手がかりにし，日本企業で働く元留学生のBさんのライフストーリー（LS）から探る。最後に，BさんのLS の考察から，①状況的移動型の越境による学びの支援，②ハイブリダイゼーション型の越境による学びの創出，③ビジネス日本語教育と市民性教育の統合と再構築，の3点をビジネス日本語教育の展望として論じる。

2. 留学生の就職支援とコミュニカティブ・アプローチ
2.1 留学生の就職支援

　新しい留学生受け入れモデルの二つの基軸は，少子高齢化に伴い不足する労働力の確保と国際的に展開する高度人材獲得競争における人材の確保である。2008 年にとりまとめられた「『留学生30万人計画』の骨子」（中央教育審議会大学分科会留学生特別委員会, 2008）では，2020 年までに留学生30万人をめざし，留学生受け入れを拡大するとされている。また，優秀な人材獲得戦略として，大学院の留学生受け入れの強化，企業への就職支援などが提案されている。このような社会的要請，政策の転換から，2007 年には経済産業省と文部科学省の共同事業としてアジア人財が立ち上げられた。同プログラムは，大学と企業が連携しコンソーシアムを形成し，企業ニーズを踏まえた専門教育，日本語教育，インターンシップ等の就職支援をパッケージで行うことを目的としたプログラムで，30 余りのプロジェクトが採択された（三代, 2015a）。

　アジア人財と同時期に行われた「構造変化に対応した雇用システムに関する調査研究」（財団法人海外技術者研修協会, 2007）によると，企業側からの留学生への要望としては，「日本語能力」，「日本に対する理解」，「日本企業に勤務する社会人として求められる行動能力」が多い。一方，元留学生は，就職時の困難として「日本語」，「専門知識」，「文化の違い」，「企業文化・習慣」を上位に挙げている。このような結果から同調査では，留学生側の課題として「ビジネスにおける日本語能力」，「日本企業のビジネス文化・知識」，「異文化への対応能力」，「日本企業内での行動能力の向上」が挙げられてい

る。さらに，同調査は，今後留学生は「グローバル人材」[注1] として日本社会で活躍することが期待されるとし，以下のような人材を育成する必要性があるとしている。

・日本（企業）文化を理解し，日本人と協働してビジネスに従事する人材
・母国文化と日本文化の価値観を相対化し，橋渡しをすることで新しい価値を創出する人材

　このような背景から日本語教育においてもビジネス日本語を中心に留学生の就職支援を積極的に議論するようになっている。三代（2013）によれば，「アジア人財」前後にビジネス日本語に関する論考が急増しているが，その多くは就職支援を視野に入れた研究であり，文化について言及している。最も多くの論考は，日本の企業で就職し，働くためには，ビジネス日本語と日本企業文化を学ぶ必要があるというものである。次に，日本文化と母国文化の懸け橋となり，新しい価値＝文化を生み出す力の育成を主張するものがある。三代（2013）は，この就職支援のための日本語教育の議論は 90 年代を中心に日本語教育で展開された CA と文化の議論の延長にあることを指摘した。次節において，日本語教育における CA と文化の関わりを概観し，その議論がいかにビジネス日本語教育に踏襲されたのかを論じる。

2.2　コミュニカティブ・アプローチと就職支援

　青木（1991）は，CA をイヴァン・イリイチやパウロ・フレイレの教育観にその根を持つ教育の民主化の流れに位置づける。さらに西口（2017）は，CA とは学習者の民主化であるばかりでなく，教師の民主化をも意味していたと論じる。岡崎（1991）は，CA はアプローチであり，特定の教授法という形では

注1　「グローバル人材」とは，グローバル化する世界の中で日本企業をリードするような人材であり，社会人基礎力，外国語によるコミュニケーション能力，異文化理解能力が求められるとされている（産学官によるグローバル人材育成推進会議, 2011）。一方，「グローバル人材」のイメージは，人により多様であり，重要なのは個々がどのように「グローバル人材」を捉え，自らのアイデンティティと関連づけるかである（三代, 2015a）。

なく，日本語教育の状況に合わせて発展させていくべきものであると述べる。CAの議論の詳細は他章に譲るとして，ここで確認すべきは，CAは元来，学習者と教師の民主化を志向するものであったということと，CAはその環境に応じて形を変えて受容されているということである。

　日本語教育にCAが受容されたとき，文化が一つの大きな論点になった。岡崎（1991）は，コミュニケーション能力の育成を考える際には，言語能力に限定せず，人間の持つ能力全体を対象とし，全人的なインターアクションを考えていかなければならないと主張した。そして，その全人的なインターアクションを教育の対象にするうえで，学習者が持つ「異文化性」への注目が重要になると指摘した。この議論は，日本語教育には異文化間コミュニケーションの視座が必要であることを喚起した。また，ネウストプニー（1995）は，日本語教育におけるインターアクション能力の育成の必要性を主張した。ネウストプニーによると，インターアクション能力とはコミュニケーション能力よりさらに大きな概念で，文法を中心とした言語能力に加え，文法外のコミュニケーション規則を含む社会言語能力，ある社会における行動規則に基づく社会文化能力を包括した能力のことである。以上の議論は，コミュニケーション能力の育成をめざす日本語教育においては，ことばだけではなく，文化について学ぶ必要があるという言説を定着させた。

　CAの日本語教育において育成をめざすべきはコミュニケーション能力であるという前提に加えて，コミュニケーション能力には文化の問題が大きく関わるという点が，就職支援を目的としたビジネス日本語教育に強く影響を与えている。たとえば，野元（2007）は，ネウストプニーのインターアクション能力に基づき，ビジネス日本語教育においては，ビジネス日本語に加え，日本の企業文化を理解することの重要性を主張する。三代（2013）によれば，「アジア人財」以後に公表されたビジネス日本語に関する論文のほとんどが文化について言及している。それらの論考の多くは，ビジネス・コミュニケーションには，ビジネス日本語に加え，日本の企業文化の理解が求められ，その教育が必要であることを論じている。それは，90年代に見られた，コミュニケーション能力育成における文化理解の必要性の議論を踏襲したものである。

　つまり，日本語教育における留学生の就職支援は，CAの議論を就職という

場面に当てはめた議論が主流になっており，日本語教育において CA が受容された際の議論の延長に位置づけられるのである。そして，それは以下の3点を前提とした議論である。①日本で就職するためには，就職活動に必要なコミュニケーション能力を身につけていなければならない。②就職活動に必要なコミュニケーション能力は，ビジネス日本語の知識と日本（企業）文化の知識，およびその運用能力から構成される。③就職支援のための日本語教育は，この就職活動に必要なコミュニケーション能力を学習者に身につけさせることを目的とする。

次節では，上記の前提から構想される留学生に対する就職支援が持つ課題を指摘し，その課題に取り組むための視座としての「社会参加」「アイデンティティ」「越境」について述べる。

2.3 ポスト・コミュニカティブ・アプローチの就職支援の課題

アジア人財以降のビジネス日本語の議論の中心は，就職支援であり，それは CA の議論の延長にあることを指摘した。この議論にはどのような課題があるのだろうか。佐藤・熊谷（2017）は，CA の問題点としてことばを手段や道具として捉え，言語使用を目的達成のために相互に情報を埋め合う行為と捉えている点にあるという。そこには「相互のやりとりや交渉によって作り出される意味」（p. 4）への視点が欠落していると佐藤らは指摘する。また，義永（2017）は，CA が言語構造からコミュニケーションへというパラダイム・シフトを言語教育にもたらしたのと同様に，学習理論の分野では個体能力主義から社会的分散認知へという大きなパラダイム・シフトが起こっていたことを指摘する[注2]。

CA は教育の民主化を志向し，状況に応じて発展していくべきものであるため，上記の指摘を CA の本質的な課題とすることは難しい。しかし，少なくとも CA が日本語教育に受容された過程で，佐藤らや義永が指摘する課題があった。そして，その課題は就職支援のための日本語教育にも当てはまる。CA は，文化に目を向け，言語教育を社会に開いた。岡崎（1991）やネ

注2　以上の議論は，熊谷・佐藤論文（第1章），義永論文（第5章）を参照のこと。

ウストプニー（1995）は，全人的教育をめざし，教室の外の社会において学ぶことを志向した。一方で，CA は，ロールプレイに代表されるように教室外のコミュニケーションに近い形でコミュニケーションを学ぶという指導法が中心を占めた。三代（2009）においても指摘したが，日本語教育における CA は基本的に義永の言う個体能力主義に基づいており，佐藤らの述べるようにことばを手段や道具として位置づけていることに大きな問題がある。三代（2009）は，この問題を「ことばと文化の本質主義」として批判し，義永の言う社会分散認知に基づく，社会構成主義的な言語教育観を共有していくことの重要性を主張した。

　岡崎やネウストプニーは確かに日本語教育を社会に開いたが，そのコミュニケーション能力観は，日本社会をリソースとし，日本社会から日本語と日本文化を学ぶことで学習者個人の能力が育成されるという個体能力主義を色濃く宿していた。そこには，日本語や日本文化を実体として捉える本質主義も見てとれる。つまり，ことばと文化は本質を持つ，したがってことばと文化は教える／学ぶことができる，そして，それは，個人のコミュニケーション能力へと醸成されるというロジックの基に，彼らの日本語教育は成立していたのである。

　この前提に対し，社会構成主義的な認識論は異を唱える。2000 年代に入ると，PCA として社会文化的アプローチに基づいた日本語教育のあり方が大きく議論されるようになった（嶋, 2015；義永, 2017）。その議論の詳細は他章に譲るが，その重要な論点は，ことばと文化は，実体としてそこにあり，学べる何かではなく，社会的に構成されるものであるということである。つまり，ことばや文化は，アプリオリに学ぶべきものとしてあるのではなく，社会の中でコミュニケーションを通じて再構成され続けるものである。この点に注目する佐藤らは，新しい意味を創造するという観点の重要性を指摘している。また，知識や能力は，個人の中にあるものではなく，社会の中で人と人の間で共有されているものであるという考え方がある。本章では，CA のコミュニケーション能力観を前提とした留学生の就職支援の議論を，社会文化的アプローチから捉え直すことで，留学生の就職支援の議論にどのような可能性が生まれるかを

議論したい[注3]。そのための概念として「アイデンティティ」「参加」「越境」の三つの概念を提示し，その概念と就職支援の議論との関係を論じる。

　まず「アイデンティティ」である。社会構成主義的なアイデンティティ観において，アイデンティティとは「日本人」のように特定の集団と結びつけられた固定的なものではない。むしろ，他者との関係性において構成される動態的で多元的な自己の認識のことである。そこで重要になるのは，いかにしてアイデンティティが構成されているのかという動態的なプロセス＝アイデンティフィケーションの問題である。このようなアイデンティティ概念を第二言語習得研究に取り入れたのは，Norton（2000）であった。Norton（2000）は，言語学習の動機づけを，自らが獲得を試みるアイデンティティへの投資であるとし，言語習得をアイデンティティ交渉のプロセスとして理解した。このことにより，本質的・客観的な言語能力の獲得ではなく，自己が獲得したいアイデンティティを得るためのことばの獲得や，他者にこう見られたいという期待された自己へ向けた交渉がことばの学びとして位置づけられた。コミュニケーション能力を画一的なスケールから測定し，同一のコミュニケーション能力の育成を目的とするのではなく，アイデンティティ交渉との関係において，ことばの学びや日本社会で就職することの意味を捉え直す視座が求められる。また，アイデンティティ交渉を見るということは，アイデンティティをめぐる社会的権力関係の問題を研究や教育実践において批判的に取り上げることを含意する。たとえば，三代（2015a）は，中国人元留学生 A さんが就職活動を通じて社会的に流通している「グローバル人材」と自らを重ね合わせる中で，「グローバル人材」として社会に受け入れられる自分を見出すと同時に，受け入れられない自分も感じ，葛藤する様子を報告している。アイデンティティ交渉とは，無地の社会の上になりたい自分を描く行為ではなく，社会的な言説の中で構成され，それは社会的イデオ

注3　近年は，CA を発展的に継承し，ビジネス日本語に課題発見解決学習を取り入れた実践や教材も出ている（近藤ほか,2012；堀井,2010）。また社会文化的アプローチから就職をめざす留学生や，日本企業で働く元留学生のアイデンティティの変容を考察した研究も公表されている（三代,2015a；横須賀,2015）。ただし，まだ事例も少なく，数年に及ぶ縦断的な質的研究や，実践における学びを検証した実践研究は大きく不足している。

ロギーとの関係においてなされていくものである。ことばを学ぶという行為は，直線的な成長の物語ではなくなるのである。

　次に「参加」である。レイヴ・ウェンガー（1993）は，学習は状況に埋め込まれているという状況的学習論を提唱した。状況的学習論では，学習は個人の頭の中で生じるのでなく，コミュニティの中で，相互行為の中で生じると考える。レイヴらは，目的を共有し，一つの実践に参加している者たちの共同体を「実践コミュニティ」と呼んだ。学びとは，実践コミュニティにおいて周辺的な参加から徐々に十全に参加していくプロセスであり，その学びは，個人の学びというよりもコミュニティ全体の学びとして捉えられた。典型的な例は，靴職人などの徒弟制のコミュニティである。弟子が兄弟子や親方の仕事を見ながら，徐々に仕事を覚えていく。職人の能力は，個人よりもむしろコミュニティに分散的に存在し，そのコミュニティにおける参加のプロセスは，コミュニティ全体の学習として捉えることができる。さらに，参加のプロセスは，コミュニティにおけるアイデンティティの変化を迫る。個人にとって学習とは，アイデンティティ全体の変化を意味するのである。

　留学生の就職支援という文脈で考えるならば，就職とは，大学を出て新しいコミュニティに周辺的に参加し，徐々に十全に参加していく中で，会社員としてのアイデンティティを形成していくプロセスである。就職支援は，この参加とアイデンティティの変容をどのように支援するのかが重要な視座となる。

　最後に「越境」である。レイヴ・ウェンガーの状況的学習論は，一つのコミュニティへの参加と学習の関係を捉えたものである。しかし，状況的学習論には，複数のコミュニティへ所属し，複数のコミュニティを往来する個人のあり方について捉える視座が不足しているという批判がある（香川，2011）。近年，この複数のコミュニティを越えていくことで生じる学びについて「越境」という概念で議論されている。香川（2015）は，越境を次のように定義する。

　　越境とは，互いにとって異質な文化に触れあうことで，いったん熟達した経験（実践）の層やそれまでのコミュニティのあり方が揺さぶられ（揺さぶりあい）崩れていく過程，すなわち「熟達や既存の枠組みの動揺と破壊」が大なり小なり起こる過程である。そして，そこから新しい振る舞い

方やコミュニティ間の関係性を再構築していく過程である。(p. 40)

　越境により異なる文化が出会うことで，既存の枠組みが揺さぶられる。それは時に痛みを伴うが，そこに新しい価値が創造される可能性もあるのである。このような越境による学びを新しい学習理論に位置づけていくことが提起されている。たとえば，香川（2012）は，看護学生が学内学習と臨地実習の間を越境することで葛藤しながらも看護のあり方を学んでいく模様を考察している。看護学生は，単純に学内学習で学んだことを臨地実習に適用するのではない。教科書通りのやり方が通用しない困難を経験しながら，教科書を現場で通用するマニュアルではなく，現場の実践を批判的に見る道具として再定位していく。越境を通じて，相互のコミュニティに流通する価値観を捉え直し，看護学生は新しい視座を獲得していくのである。

　長岡（2015）によると，越境論では一つのコミュニティの中で熟達するプロセスを「垂直的学習」と呼ぶのに対し，越境により新しい価値観を構築していくような学びを「水平的学習」と呼ぶ。長岡（2015）は，この「水平的学習」が企業内人材育成の中心的テーマになることはこれまでなかったが，今日の変化の激しいビジネス環境では「水平的学習」が重要になると主張する。この点はアジア人財において留学生に求められる期待と重なる。留学生にまず期待されることは，日本語と日本文化の理解であるが，さらに母国の文化と日本の文化の懸け橋となり，新しい文化や価値観を作り出していくことも期待されている。ただし，三代（2015b）が指摘するように，新しい価値観をつくるということがどういうことで，どのようになされるかについて具体的な言及はなく，研究においても具体的に探求しているものは見られない。越境論は，この点について貴重な示唆を投げかけている。

　香川（2015）は，越境には大きく三つの種類があるという。一つは，時間的に前後する形で状況間を渡り歩く「状況的移動」である。大学から会社に入る就職は，一つの状況的移動の形である。二つ目は，ある状況にとどまりながら，ほかの状況にアクセスする「手段的横断」である。たとえば，営業に配属された社員が，営業における目的を達成するためにほかの部署の人間とやりとりをするような場合である。三つ目は，異なる文化を持つコミュニティが同じ

時間と場所で交わり，新たな価値観や実践を作り出していく「ハイブリダイゼーション」である。これは，大学と企業が産学共同で新しい実践を作り出す中で，相互に水平的学習を経験することなどが想定される。

　就職とは，大きな越境を伴う。特に元留学生にとっては，複層的な越境が日本における就職において経験される。この多様な形での越境と学びの関係を明らかにすることが，ことばと文化の本質主義を超えて新しい価値を創造するための就職支援には求められる。

　以上，PCAの留学生のための就職支援を考える視座として，「アイデンティティ」「参加」「越境」の三つの概念を概観した。これらの概念に基づき，留学生の就職支援のあり方を構築していくためには，実際の元留学生が，どのように日本企業への参加と越境を経験しているのか，そこで，どのようなアイデンティティの変容があるのかを明らかにし，その知見を教育実践へと還元していくことが必要である。このような問題意識から，本章では元留学生Bさんの LSを考察し，PCAの就職支援のあり方に対して問題提起を行いたい。

3.　研究方法
3.1　ライフストーリー研究法

　本研究は，LS研究（桜井, 2012）である。LS研究法は，インタビューを通じて，調査対象者の経験の意味やそれをとりまく社会的言説のあり方を理解する研究法である。LS研究では，インタビューによる語りを，調査協力者の過去の経験である〈あのとき-あそこ〉の物語が，調査者と調査協力者の相互行為によって〈いま-ここ〉で構築されるストーリーであると考える（桜井, 2012）。そして，そのストーリーがいかにして構築されたのかという視点から語りを理解し，社会的現実がいかに構築されているのかを問う研究方法である。LS研究法は，少数者の声を聞き取り，その経験を理解するうえで有効である。また，社会的通念や代表的な言説とは異なるストーリーから，新しい視座を提供したり，多様な理解の仕方を提起する可能性を持つ（桜井・三代, 2015）。

　本研究でLS研究法を採用した理由は，大きく二つある。一つは，現在のように留学生の日本国内での就職を推進するようになったのは，近年のことであ

り，まだ事例が多くなく，就職前後の5年間を縦断的に考察するような先行研究は管見の限りないことが挙げられる。LS 研究法は，縦断的に少数の声を聞き取り，その意味を分析することに優れた研究法である。もう一つは，LS 研究法は人生／生活の語りから経験の意味を明らかにする点である。従来の留学生の就職支援の議論は，留学生の就職をいかに成功させるのか，就職後の職場でのコミュニケーションをどのように支援するのか，という視点が中心になっていた。だが，LS 研究では，元留学生たちにとって就職とは何か，社会人生活をいかに経験しているのかという点まで視野に入れ，彼らの人生／生活を支える教育のあり方を議論することができる。

3.2 調査概要

私は 2011 年から 2017 年にかけて 26 人の東アジア出身の元留学生に対してLS インタビューを行い，日本での就職を決めるまでのストーリーと就職後のストーリーを聞いてきた。その中から本研究では中国出身の女性 B さんの LS を取り上げる。B さんは，中国の大学で日本語科を卒業した後，日本に留学し，日本語学校を経て，大学院修士課程で教育学を学んだ。修了後は人材系の企業 X に就職し，営業部門で 4 年間働き，5 年目に同じ人材系の企業 Y に転職した。インタビューは，就職の内定を得た時期，入社 1 年目，2 年目，4 年目，そして転職を決めた時期の計 5 回行った。1 回のインタビューは 2 時間程度であった。インタビューは IC レコーダーで録音し，トランスクリプトを作成した。また，インタビューごとにフィールドノーツを別途作成している。本研究の分析データは，このトランスクリプトとフィールドノーツである。

B さんを考察の対象とする理由は，3 年以内で会社を辞めてしまうケースが多い中，一つの会社で 4 年間働き続けており，転職も前職の経験を活かし，日本国内で行っているということが挙げられる。加えて，三代（2015a）で論じた，3 年で退職，帰国した中国人男性 A さんの「グローバル人材」観や就業経験を経た考えの変化と B さんのそれが対照的であったこともある。LS は，少数の経験の一般化をめざしてはいない。多様なストーリーの意味を読み取り，記述することで，社会を理解するためのリソースを豊かにすることに LS の意

義がある（三代, 2015c）。そこで，先行研究と異なる事例としてBさんを取り上げる。日本社会を批判的に眺め，距離をとると同時にその中でとどまりメンバーシップを獲得しているBさんの語りは，留学生が構築するグローバル人材観の一つを理解するうえで重要な事例となると思われる。

4. 批判的な社会人になる──Bさんのライフストーリー
4.1 一人の個人として働きたい──Bさんの就職活動

　Bさんは，上海の大学で日本語を専攻し，卒業後1年の社会人経験を経て，日本への留学を決めた。せっかく専門とした日本語をもっと勉強したいという想いと，何か生活を変えたいという想いが留学を後押ししたという。日本語学校の大学院進学コースから都内の大学院修士課程に進学し，教育学を学んだ。将来は中国の大学で教員になりたいと漠然と考えており，博士課程への進学も検討していたが，経済的な理由もあり，日本国内での就職の道を選択した。

　教育とつながりのある仕事をしたいと考えたBさんは，人材系の企業を中心に就職活動を行い，X社に就職を決めた。就職を決める際に考えていたことは，中国にとらわれず，個人として幅のある仕事をしたいということだった。就職を控えた3月に行った1回目のインタビューで，Bさんは以下のように語っている[注4]。

　　　B：私も最初の，今の企業を選んだ理由の一つは，なんか国籍とかは問わずに，普通の私を，一人の人材として，見てるとこがすごい好きだったから，そこが最終希望で。

　Bさんは，中国人という側面だけではなく，それも含め，世界で活躍できる個人としての「グローバル人材」をめざし，そのように自分を評価し，そのような働き方を求めてくれると感じた企業を選んで就職を決めた。Bさんにとって「グローバル人材」とは，国籍を超え，個人として世界で活躍し，新しい価

注4　トランスクリプトにおける表記のルールは次の通りである。①引き延ばし　直前の音の引き延ばしは，「:::」。②途切れ　言葉の不完全なままの途切れは，「-」。③笑い声「hh」。④注記　そのほかの注記は，「[　]」。なお，「*」は筆者。

値をつくっていける人材のことであり，自分自身を，そのような「グローバル人材」になっていく人材として位置づけている．1回目のインタビューの最後，Bさんは自らのアイデンティティを問う質問に次のように答えてくれた．

＊：日本社会にとって，自分は今，どんな存在だと思いますか？
B：う:::ん，う:::ん，まあ，日本社会にとって，私のような人は，必要な力なんですかね．う:::ん，そんな感じですかね．
＊：具体的に．
B：必要っていうのは，その:::，抽象的な話になるんですけど，いいですか？　グローバル化を進めてるんじゃないですか．なので，グローバル人材を採用することで，そのなんだろ，グローバル的な考え方の広がりとか，普通の業務とか，そういうときに，全部関わるかな，と思って．だから，私のようなグローバル人材は必要かなと，思います．その，古い日本の思想とか，そのまた新たな思想とかが入って，日本変わるんじゃないかなって思います．

4.2 「グローバル人材」の葛藤

　しかし，Bさんは，入社後に大きな葛藤を抱えることになる．入社後7ヵ月が経ったころに行った2回目のインタビューで会ったとき，1回目の希望に満ちた表情をしていたBさんとは別人のような真っ青にやつれたBさんがいた．多忙を極めたことと，自分の希望とは異なる営業職に配属されたことなどで体調を崩していた．「昨日何があったか，昨日私はどういうことをしてたかを思い出せないくらい――そういう日々でした」「精神的に，自分はどこに向かってるのか分からない」と心境を語る．
　Bさんの会社への不満は，端的に言うと「外国人社員」に対する配慮の欠如である．日常の業務に加え，中国語・英語の翻訳など外国につながる仕事が集中する．しかし，その余剰分の仕事は，「グローバル人材」なのだからやって当然という雰囲気があり，特別評価されるとは感じられない．一方で，日常の業務では日本語の使い方の誤りで注意を受けることが多いが，日本語のチェック等の支援は十分得られていない．

B：本当に営業って伝え方が命じゃないですか。でも，まだまだ，私も伝え方とかことば遣い，日本語の問題もいろいろある。だけど，それ多分もう，なんでしょうね，見てくれないんですよ。

＊：あ，教えてくれないってこと？

B：うん。あ，でも，きっと見てくださいって言ったら，忙しくないときは見てくれるんですけど，何でしょうね，もっとなんか，そういうの［サポート］もあってもいいのかなって。あと，あとで，外国人である程度そういった，異文化的な適応［のためのサポート］とか，そういったものも必要。

　営業職であるために営業の成果による評価がすべてとなり，翻訳などの仕事は負担だが評価の対象となっているとは感じられない。また，日本語については，日本人社員と同じようにできると捉えられることで仕事の負担はさらに増す。営業は入社時に自分が想定した業務ではなかったこともあり，日本の企業で働くことに対して大きな葛藤を抱き，日本社会で生きていく意味や自信を失いかけていた。Bさんは「評価」「達成感」ということをインタビューの中で繰り返し使用し，それが得られないという状況に戸惑う心境を吐露した。特別な評価ではなく，最低限の配慮，理解，それに続く評価を求めていたのである。

B：私，今話すだと，普通に問題ない，日本語問題ないじゃないですか。それは多分，何て言えばいいんでしょう？　何て言えばいいんでしょう？　まあ多分，私は苦労しないだろうっていう普通の考え方があって－　でも，違いますよ。私だってメール書くの，1通で大分時間かかる，とか。調べるとか企画書作るのもかかる，日本語で考えるのも大分かかるよとか，外国人として働いて，そういう辛いところも，あなたたちよりも頑張ってるところってこんなにもあるんだよっていうことを知ってもらいたいです。理解してもらいたいです。配慮っていう，意識の根本。［中略］特別な枠で，評価してくださいってことじゃないんだけど，多分それはやってることは，努力は理解してもら

いたい．当たり前と思わないでください．

Bさんは，個人として世界で活躍する「グローバル人材」を自らのアイデンティティとして，そのような働き方を期待したが，グローバルな仕事を任される一方，外国人社員として働くことへの理解が企業内で希薄であり，そのような日本社会の中に居場所を見つけることが難しいと感じていた．

4.3 批判的な「留学生」から批判的な「一社会人」へ

入社2年を経た3回目のインタビューでBさんに会った印象を，私は次のようにノートに記している．「前回のやつれた感じはなくなった．前より，自信と自信に裏打ちされた苛立ちが感じられた」．疲れた様子はあったが，2回目のインタビューに私が感じた悲壮感のようなものはなかった．たたずまいや話し方など，すっかり社会人という印象を受け，私はやや圧倒されたように感じた．Bさんは，「多分［前回の］インタビューの後から，ちょっと仕事が順調になって，信頼も，クライアントからも信頼されるようになって，会社からも，そうですね，信頼されるようになって，仕事の能力は，全部ではないんですけど，けっこう，伸びました」と言う．

一方，2回目のインタビューで語っていた会社への批判的な想いは変わっておらず，このまま仕事を続けるべきかどうかについては日々葛藤していた．それでも仕事を続けているのは，自分の成長を支えてくれた直属の上司への感謝が大きいと語っていた．

その後，入社3年目には，約4000人の社員の中から優秀な社員として表彰されたという連絡をBさんからもらった．そこで，4年目に入る4月に4回目のインタビューを行った．4年目には，Bさんは課長に昇進を果たしていた．受賞に昇進と続き，喜んでいるかと思ったが，その心境は複雑であった．自分を支えてくれた上司が退職し，その上司への想いと，自分の新しい部下への責任感に重圧も感じていた．受賞について，「自分が表彰される嬉しさよりは，事業部として初めて表彰されたので，事業部の中で初めて表彰者が出たので，そのことが嬉しかったです．今辞めている元上司を考えると，感無量でした」と語る一方で，自分の置かれた状況について会社の仲のよい先輩と次のように

話したという。

> B：我々はこれからほかの人の責任を持たなければならない立場で，今までのようにわがままじゃいけないですねって2人で話をしていて，それは確かにそうだな。そのときその大阪に行く先輩が言った話が，彼らの人生がある意味私たちにかかってるからっていうことばに，重荷を感じて。私，部下全員日本人で，私，外国人なので，外国人の上司についていってもらえるようなこともやらなければならないですし。日本のことを私はこれまで以上もっと理解しなければならない。と，自分が知っている外国のことも教えなければならないっていう立場になります。両方教えなければならない立場になります。自分ももっと頑張らなければならないです。外国のことだけしても，所詮この人外国人だから分かってるでしょっていう，当たり前のこと，なんですけど，それはまあ説得力とか信頼力はないですし，逆に自分の知っている外国のこととか，この業界のノウハウを何も分からない日本人の新卒にも分かるような説明の仕方をしなければならない。そうすると多分日本ですと，多分これこれこれみたいなたとえもしなければならないので，それ以上，今まで以上に日本のことを分からなければならない。

　Bさんは，会社に多くを期待することはやめた。日本社会についても，自分を変えてまで社会の一員になろうとは思えないと語る。一方で，会社での立ち位置は大きく変化し，2年前まで日本語の支援がほしいと言っていたBさんは，日本人の部下のメールの日本語をチェックする毎日である。自分の部下に対する責任感は人一倍強い。

　課長というマネージャー職は重圧だが，自分の中のキャリアとしてポジティブに捉え，そこで頑張ろうという想いをBさんは語ってくれた。また，それに伴い，仕事の経験全体をポジティブに捉え直していた。

> B：なぜここまで［多くの仕事を］しなければならないのかっていう，の

はありますね。いつもこんなこと考えててもしょうがないと思うので，ポジティブに考えようと思って。30までにマネージャー職経験できるのは，試練だと思えば。新しい経験に触れるのはいいチャンス，それは，まあ多分それほどいいことはないとしても，この経験自体はめったにない試練。まあちょっと，ポジティブに考えようと思って。
＊：働いてて，よかったなあとか，この3年間でここは楽しかったとか勉強になったとか，そういう思い出とかってどういうものがあった？
B：けっこうこの仕事の，やり方，方針とかを除いて，客観的に全体で見ると，今までない経験がけっこうあったんで。仕事のところで，初めて，自分の責任じゃないのに謝罪に行くとか，全部自分が責任を負わなければならないとか，本当普通にクライアントとかにも感謝されるみたいな，後輩が目に見えて育ってるとか，今回もマネージャー職を経験できるとか，表彰されるとか，けっこう新しい経験があるので，それはありがたいです。普通に博士課程に進んで研究をやって先生になっても，多分，それはない。仕事に関する経験はないので，それに関してはいいと思います。

　会社に対して持つ批判的な意見の内容は，2回目のインタビューから大きく変わっていない。しかし，その意見を述べるBさんの立ち位置は大きく変化したと私は感じた。そこで，次のように聞いてみた。

＊：おもしろいね。なんかすごい，矛盾するみたいだけどすごく4年間で会社が－　何て言うんだろうね。すごい会社の人っぽいよねhh　分かる？　言ってること？　hh　会社が嫌だって言ってるけど，初めて会ったとき，と全然違うよね。
B：はい，あのときはまだ学生でした。
＊：ね。今，会社の人だよね。
B：分かります。それは果たしていいことかどうか分からないですけど。
＊：なんかそういう，ある意味留学生とかそういう，よりも，本当に会社

の人だよね。一社員っていうか。それって何なんだろうね。
　B：分からないですね。何でしょうね。留学生として，会社にあれこれ不満っていうよりは，普通に一社会人としてこれはおかしいだろうっていう気持ちが強いです。

　Bさんは，3年余りのキャリアを通じて，批判的な気持ちを抱きつつも，それをポジティブに受け止め，仕事を続けていた。その中で，彼女は「留学生」あるいは「外国人」という立場よりも，「一社会人」として意見を言うように変わってきたのである。

4.4　「もう1個上のステップ」へ──転職を決める

　Bさんは，1年間，マネージャー職を務めた後，転職を決めた。2回目のインタビューのときから転職への葛藤を語ってきた彼女であったが，自分の4年間の仕事を肯定的に受け止めたうえで，自分が「もう1個上のステップ」に行くための転職であった。5回目のインタビューは，辞職の手続きが済み，新しい職場での生活を始めようとしている時期に行った。何か吹っ切れたような表情で明るい声で語ってくれたのが印象的だった。

　B：転職するかどうかっていうことに対して，毎回自分で悩んでて，毎回三代さんとお会いするときに辞めようかなっていう話を，ずっとしてると思うんですけど，自分も，けっこう行動には，してなかったんですが，心の中では辞めれるかっていう，気持ちは本当に，2年目のときから，すごくあって，で，そのときで，ええっと，3年目に課長になって，もともとあの:::その，課長に昇進した後，今の仕事がおもしろくなかったって話もそうだったんですけれども，そのタイミングで辞めようと思ってたんですよね。で，結果そういうことになって，で，下に，新しい子が入ってきて，あと，一部，もともといたメンバーたちが大阪に行って私がそのタイミングで抜けたらその事業部が絶対ダメになるっていうのが目に見えてたので，そうなったら，すごい前，一番最初すごい尊敬できる上司っていう，人にはすごく申し訳

なかったので，実際課長になったその年，3年目その前，お会いしてたそのときには薄々は決めてたんです。1年後には辞めるっていう。ちょっと基盤を整えてから辞めようかなってことにしようと思っていました。

　自分の部署の仕事も軌道に乗り，部下に任せられると思ったとき，自分のことも考えられるようになった，とBさんは語る。そして，マネージャー職まで経験し，会社全体のことも見えるようになったとき，自分のやりたいことをより追求すべく転職を決意した。4年間の職場での経験を振り返ると，最初の1年半くらいは「修行」であったという。あえて「本当の自分」を捨てて，会社のやり方を受け入れながら仕事と向き合っていた。2年くらいすると，ほかの日本人社員にはない視点から企画を提案するなど，元留学生の自分の特性を活かした仕事をすることで会社に貢献しているという実感もあり，クライアントからの信頼も得ることができたので仕事が楽しくなってきた。最後の1年のマネージャー経験では，自分とは異なる部下の価値観を受け止めながらそれぞれのよさを引き出すような接し方を学ぶことができたという。また，クライアントからはこれまでの仕事を感謝され，新しい旅立ちを祝福されたので，「絶対私の仕事は無駄じゃなかった」と実感できたと語る。

　中国の両親のこともあり帰国も検討したが，幸いまだ両親ともに元気なのでもう少し日本で自由に生きたいと思い，4年間の経験を活かし，自分がやりたいと思っていた企画中心の仕事ができる職場へ転職した。

4.5　大学での学び

　以上，Bさんの就職から転職までの4年強のLSを，その仕事に対する考え方とアイデンティティの変化を中心に見てきた。そのLSの意味をさらに日本語教育的観点から考察するために，Bさんの大学での学びとそれが社会人生活でどのように活きていたかについての語りに触れておきたい。

　Bさんが企業に内定を得た2012年は，好景気が続く2019年現在に比べ，留学生の就職内定率もよくなかった。インタビュー調査をする過程で，就職活動に苦戦している留学生の話を多く聞いていた。それに比べるとBさんは比較

的順調に内定を得ていた。無論，Bさんの能力の高さや努力の結果であるが，教育を専門としたBさんが，経済や経営を専攻していたほかの留学生に比べても順調に就職活動を進めていたことに私は意外性を感じた。しかし，1回目のインタビューでBさんは，大学院での経験は非常に就職活動に役に立っていると語った。

  B：あの，●●［大学院名］で学んだことがすごく活かされたなと思いました。
  ＊：●●で学んだことが就職で活きるの？
  B：あの，すごくディスカッションとか多いんじゃないですか？ ●●では。それで，いかに自分の意見を論理的に述べるっていうか，円滑的に述べるっていうか，自分の言いたいことは言いますけど，柔らかいやり方でやるとか。ファシリテーターになるとか，自分の主張は強く押すとか，そういう感じ。多分，業界とかにもよると思うんですけど，人材系は多分，そういうのが好まれてるのかな。

　研究や実習の中で培われる，論理的に述べる，他者とディスカッションするという力が，専門的な知識よりも日本の就職活動では高く評価されるとBさんは感じていた。
　さらに，3回目のインタビューの中で，大学院で「なんでここに私がいるのか」を追求した経験について語っている。会社で求められることへの葛藤について語っている場面で，それを聞いた私は，「いいのか，分からない」とポジティブに捉えていいのか，やや戸惑った反応を示している。ただ，本人は「おかげ」という表現を用いてポジティブに捉えており，自分にとって大切なことを考え追求していくというのは，その後の彼女の生き方に強く反映される。仕事にそのまま活かされるだけではなく，社会に出た後，自分の問題意識を追求するという研究において培われた素養が，自分の生き方を支えている。少なくともBさんはそのように捉えていた。

  B：あんまり自分を変えたくない部分はあります。静かな，静かなことが

好きだった。もちろん，けっこう自分を途中まで変えて，向こうの人にあわせていろいろやってはいるんだけど，それはちょっと疲れました hh
＊：hh そうね ::: なんか疲れるよね。
B ：それ●●のおかげかもしれません。●●のおかげかもしれません。
＊：なんで？
B ：そういう，自分が大事という意識を，ちゃんと2年間かけてそれに気づいたんです hh
＊：まあそれはいいこと－いいのか，分からない－
B ：hh ●●にいなかったら違うかもしれません。●●にいたから，なんでここに私がいるのかを，すごく追求するようになった。

5. 越境
5.1 「批判的な一社会人」となるということ

　Bさんの語りから，元留学生が自らを「グローバル人材」と位置づけ，葛藤を抱えながら社会の一員になっていくプロセスが見えた。Bさんの社会参加は，レイヴ・ウェンガー（1993）によって提起された周辺的な参加から十全的な参加へとコミュニティの中心に向かっていく典型的な参加のモデルとは異なる。一方で，留学生というアイデンティティから一社会人としてのアイデンティティを形成するように，また日本語のチェックを受ける側からチェックする側になるように十全に参加していく。他方で，社会に同化することに強く抵抗を感じ，批判的な眼差しを向ける。

　この批判的な眼差しは，Bさんに常に会社を辞めるべきかどうかという葛藤を抱かせるが，そこに新しい価値を創造する可能性もある。既存の枠組みを疑い，よりよい方向へと変容されるためには，批判的であることは非常に重要である（三代ほか, 2014）。そして，それは，「アジア人財」などで示された「グローバル人材」に求められる役割とも符合する。文化を越境し，新しい価値観から批判的なコミュニティの成員として成長することで，コミュニティ自体も創造的に変容できる。Bさんは，自分が会社にいることによる変化を次のように語る。

＊：自分が入ったことで，会社の文化が何か変わったこととか，何かあった？
B：あるかなぁ。
＊：会社全体じゃなくても，自分の部署とか。
B：もっと意見言いやすくなったっていうのはあります。私が普通に言うから。それにならって後輩たちも言ってるっていうところはあります。言える人は言ってる。全員じゃないんですけど。う :::ん。会社の事業部自体で，全体でできる企画も増えたし，そういうところでは確実に変化があると信じてます。

　Bさんは，異なる価値観の中で葛藤しながら，批判的な立場から新しい価値観を創造しようと模索していた。Bさんは，日本の企業に越境し，参加することで，自らも変化し，会社も変化したと感じていた。そして，そのこと自体はポジティブに成長として受け止めて退職している。このBさんの越境は，香川（2015）のいう越境の「状況的移動」にあたる。それは，中国を背景に持ち，大学院で自分の考えを追求することを学んだ「留学生」としてのBさんが「社会人」になる過程でもある。異なる国で学び，学問的探求を経験した「留学生」という文化から一企業の「社会人」という文化への越境であった。

5.2 「批判的な一社会人」を日本社会は受け入れられるのか

　香川（2015）は，越境は往々にして大きな困難を伴い，必ずしも学びにつながるとは言えないと注意を喚起している。Bさんの場合も，会社にとどまると，いずれ自分も今自分が批判している会社の一員に染まってしまうだろうと考え，転職を決意した。Bさんのストーリーから分かることは，「グローバル人材」の議論は特定の人にグローバル化の負担を負わせているということである。三代（2015a）では，自らを「グローバル人材」として位置づけながら，ブリッジ人材としての期待に応えようとすればするほど，日本人社員との壁を感じ，帰国の途についたAさんのライフストーリーを考察した。「グローバル人材」の議論は，社会現象としてのグローバル化に社会全体で向き合うための議論になるべきであるが，特定の人材像を幻想のように抱き，その谷間で葛藤

する人を生む。誰が変わらなければいけないのか。どう変わらなければいけないのか。本当に議論しなければいけないのはその点であり，それは「グローバル人材」ということばの議論を超えていくものであると考えられる。AさんやBさんのストーリーは，日本社会の中で「グローバル人材」として元留学生が活躍することの困難さを投げかけている。

5.3 大学院での学びとキャリア教育

　Bさんの大学での学びに関する言及は非常に興味深い。ビジネス日本語教育の文脈において，社会人基礎力としての論理的思考力，コミュニケーション能力，課題発見解決能力などの育成の重要性は従来指摘されてきた。就職の際に大学院で身につけた論理的に意見を述べる力などが専門の知識以上に評価されたとBさんが語るのは，アカデミックな素養と社会人に求められる力が通底していることを，改めて実際の元留学生の経験から証左するものであると言える。加えて重要なのは，Bさんが会社との間に葛藤を感じるのは自分自身を探求するような訓練を大学院時代に積んだからだと語ることである。それは社会人として会社に適応するうえで障壁にもなっているが，大切なこととしてポジティブにBさんは評価していた。香川（2012）では，看護学生が授業と実習を交互に越境することで，教科書を現場を批判的に見るツールと再定位したが，Bさんは大学院から会社へと越境したときに大学院での学びを会社を批判的に見るための礎としたと言える。

　当然のことであるが，大学での学びは，単純に就職に結びつくものでも企業文化に適応するためのものでもない。もっと広い社会に市民として批判的な意識を持ちつつ参加することを支えるような学びであるべきである。批判的な意識を持ち対話によって社会参加することをめざす市民性教育（細川, 2012）に通底するような学びの可能性がここには見てとれる。越境は，大学から企業への越境に限定されたものではない。大学も，企業も社会に埋め込まれており，その社会の中で個人は多様なコミュニティへと参加・越境を繰り返しながら生きていく。その際に学習者を支える学びの形を模索する必要があるだろう。

　会社の方針に従えないと葛藤しているのは大学院での学びが根底にあるからだとBさんが語るとき，大学院での学びが企業というコミュニティへの参加

を妨げている要因なのかと私は考え，答えに躊躇している。私自身の中に，就職支援のための日本語教育は企業というコミュニティへの参加を促進すべきものであるという「構え」[注5]があったのである。このことに，留学生の就職支援の議論は慎重になるべきである。就職支援の先にある留学生のキャリアを支援するための教育とは何か。それはもっと広い視野で，日本語教育全体やそれを超えた市民性教育の視点から常に問い直していかなければならない。Bさんの大学院における学びについての語りはそのことを教えてくれる。

6. ポスト・コミュニカティブ・アプローチの就職支援

BさんのLSを「批判的な一社員」となるというアイデンティティの変化とその批判性をもたらす越境の困難，特に受け入れ側の日本企業というコミュニティの持つ問題点を考察した。さらに，大学での学びが，批判的視座を獲得するという点で，広くBさんのキャリアを支えていることも分かった。

このBさんの語りとその考察から，PCAの就職支援の課題について以下の3点を指摘し，本章の結論と今後の課題としたい。

(1) 状況的移動型の越境による学びの支援

BさんのLSが教えてくれるように，大学での学びを移行し，社会人になるのではなく，越境による葛藤を経験しながら，徐々に仕事において熟達し，「一社会人」へとなっていく。大学の教育がどのようにこの支援に関わることができるかは，学びの移行モデルではなく，状況的移動による越境の学びのモデルから構想する必要がある。インターンシップなどが広く取り入れられているが，そこで学びを越境の学びという観点から分析し，大学側からのインターンシップの位置づけを教育の中で明確にしていく作業がより強く求められている。

また，多様な留学生の企業に参加し，葛藤しながらもアイデンティティを変容させていくストーリーは，これから就職をめざす留学生，支援にあたる教

注5 LS研究の分析概念の一つ。調査者がフィールドに持ち込む先入観のことであり，それがいかにインタビューに反映されているのかを批判的に分析することがLS研究では重要になる（桜井，2012；三代，2015c）。

員，受け入れる企業にとって貴重な資料となる。多様な留学生のあり方を社会が創造できるように，LS の共有を進めていく必要がある。LS は，一つの言説である。新しい働き方の言説が流通することは，社会に対するメッセージとして働くことが期待される。

(2) ハイブリダイゼーション型の越境による学びの創出

　B さんの批判性に見られるような，留学生のもたらす新しい視点や価値観を受け止め，ともに新しい社会を創造するような土壌が今の日本社会に十分に備わっているとは言えない。三代（2015a）にて論じたように社会に壁を感じ，葛藤の末，日本を去る元留学生は多い。私の 7 年間の調査でも，すでに半数以上の調査協力者は日本を離れている。家族の問題やキャリアに対する考え方の違いが理由で短期間で転職するケースもある。従来の終身雇用モデルで留学生を採用するのが難しいのは確かである。ただし，同時に，日本の企業になじめずに日本を去ることを決意する留学生も多いということは看過すべきではない。

　個体主義能力観に立ち，留学生の能力を高めることでこの問題に対応するというアプローチが適切でないことは明白である。社会全体の問題として捉え，教育はどのようにこの課題と向き合えばよいのかを議論する必要がある。三代（2011）は，コミュニケーションの問題をすべて留学生の能力の問題として教育に還元するのではなく，教育というものがどのような「場」＝社会を築いていくのかを考える必要があることを提起している。そのような議論がビジネス日本語教育の議論にも必要であると思われる。

　香川（2015）は，複数のコミュニティが重なりあい，相互に越境し，学びあう形態を，ハイブリダイゼーション型の越境による学びと呼ぶ。このハイブリダイゼーション型の越境をどのように作り出し，それを学びとするかが今後の一つの大きな課題となっている。私自身は，この問題に対する自身の取り組みとして，就職支援のクラスに企業の人や大学のキャリアセンター職員にゲストとして参加してもらうようにし，留学生の実態を見てもらい，そこで，教員とも議論を共有できる場を設けるようにしている（紙矢・三代，2013）。また，実際に一つのプロジェクトを企業と大学で共有する中で，相互に学びあえると

いう想いから，日本語教育として企業との産学共同プロジェクトにも取り組んでいる（三代, 2018）。このような実践を続けていくとともに，その実践による大学側，企業側双方の変化，すなわち「水平型学習」について研究し，その学びの可能性を可視化していくことも今後の課題である。

(3) ビジネス日本語教育と市民性教育の統合と再構築

　日本語教育にとって，留学生のアイデンティティ交渉，自己実現を支えるうえで，就職支援は一つの重要なテーマとなっている。しかし，目の前の就職に向けたスキル・アップにとらわれないように留意する必要がある。私自身の構えとしてあったように，就職や企業への適応が暗黙の目標にならないように常にビジネス日本語教育の意義を問い直していく必要がある。その向こう側には，留学生が参加していく社会がある。「批判的な一社会人」として元留学生が活躍できるための教育をめざしていかなければならない。その意味では，本章で提起したPCAのビジネス日本語教育とより大きな市民性教育の目標は通底している。議論を重ね，ともに学び合い，ともに実践し，新しい価値や文化をつくっていく。そのための経験を留学生を含む多様な人々が積み重ねていく。そのような場を築いていくことが，PCAのビジネス日本語教育であると言えるだろう。このような視座から，日本語教育全体を見直し，ビジネス日本語教育を再構築していくことで，留学生の本当の意味でのキャリアを支援し，同時に，日本社会をより豊かな社会へとすることに日本語教育が貢献できる。本来，CAには民主化を志向する理念が内包されていた。その理念がPCAにおいて批判的に継承され，新しい日本語教育の姿を描こうとしているのである。

参考文献

青木直子（1991）.「コミュニカティブ・アプローチの教育観」『日本語教育』73, 12-22.

岡崎敏雄（1991）.「コミュニカティブ・アプローチ——多様性における可能性」『日本語教育』73, 1-11.

香川秀太（2011）.「状況論の拡大——状況的学習，分脈横断，そして共同体間の「境界」を問う議論へ」『認知科学』18(4), 604-623.

香川秀太（2012）.「看護学生の越境と葛藤に伴う教科書の「第三の意味」の発達——学内学習−

臨地実習間の緊張関係への状況論的アプローチ」『教育心理学研究』60(2), 167-185.
香川秀太（2015）.「「越境的な対話と学び」とは何か——プロセス，実践方法，理論」香川秀太・青山征彦（編）『越境する対話と学び——異質な人・組織・コミュニティをつなぐ』（pp. 35-64.）新曜社.
紙矢健治・三代純平（2013）.「地方における留学生の就職支援に関するアクションリサーチ——「日本事情Ⅲ」の実践報告」『徳山大学論叢』76, 53-69.
近藤彩・金孝卿・ムグダ ヤルディー・福永由佳・池田玲子（2013）.『ビジネスコミュニケーションのためのケース学習——職場のダイバーシティで学び合う［教材編］』ココ出版.
財団法人海外技術者研修協会（2007）.『平成18年度 構造変化に対応した雇用システムに関する調査研究——日本企業における外国人留学生の就業促進に関する調査研究 報告書』経済産業省 <https://www.aots.jp/jp/project/nihongo/asia/r_info/pdf/press070514_2.pdf>
桜井厚（2012）.『ライフストーリー論』弘文堂.
桜井厚・三代純平（2015）.「［インタビュー］ライフストーリー研究の展開と展望」三代純平（編）『日本語教育学としてのライフストーリー——語りを聞き，書くということ』（pp. 77-110.）くろしお出版.
佐藤慎司・熊谷由理（2017）.「コミュニカティブ・アプローチ再考——対話，協働，自己実現をめざして」『リテラシーズ』20, 1-11.
産学官によるグローバル人材育成推進会議（2011）.『産学官によるグローバル人材の育成のための戦略』<http://www.mext.go.jp/component/a_menu/education/detail/__icsFiles/afieldfile/2011/06/01/1301460_1.pdf>
嶋ちはる（2015）.「「社会」のなかに学習と学習者をとらえる」神吉宇一（編）『日本語教育 学のデザイン——その地と図を描く』（pp.123-144.）凡人社.
中央教育審議会大学分科会留学生特別委員会（2008）.『「留学生30万人計画」の骨子」とりまとめの考え方に基づく具体的方策の検討（とりまとめ）』平成20年7月8日中央教育審議会大学分科会留学生特別委員会配布資料.
長岡健（2015）.「経営組織における水平的学習への越境論アプローチ」香川秀太・青山征彦（編）『越境する対話と学び——異質な人・組織・コミュニティをつなぐ』（pp. 65-81.）新曜社.
西口光一（2017）.「コミュニカティブ・アプローチの超克——基礎日本語教育のカリキュラムと教材開発の指針を求めて」『リテラシーズ』20, 12-23.
ネウストプニー, J. V.（1995）.『新しい日本語教育のために』大修館書店.
野元千寿子（2007）.「日系企業が現地社員に求める「ビジネス日本語」の実態」『ポリグロシア』13, 69-81.
細川英雄（2012）.『「ことばの市民」になる——言語文化教育学の思想と実践』ココ出版.
堀井恵子（2010）.「プロジェクト型日本語教育の意義と課題」『武蔵野大学文学部紀要』11, 47-57.

三代純平（2009）.「留学生活を支えるための日本語教育とその研究の課題——社会構成主義からの示唆」『言語文化教育研究』8(1), 1-42.

三代純平（2011）.「日本語能力から「場」の議論へ——留学生のライフストーリー研究から」『早稲田日本語教育学』8/9, 67-72.

三代純平（2013）.「ビジネス日本語教育における「文化」の問題——「アジア人財資金構想プログラム」以降の先行研究分析」『徳山大学総合研究所紀要』35, 173-188.

三代純平（2015a）.「「グローバル人材」になるということ——モデル・ストーリーを内面化することのジレンマ」三代純平（編）『日本語教育学としてのライフストーリー——語りを聞き、書くということ』(pp. 112-138.) くろしお出版.

三代純平（2015b）.「「ことば」「文化」、そして「教育」を問い直す」神吉宇一（編）『日本語教育　学のデザイン——その地と図を描く』(pp. 77-100.) 凡人社.

三代純平（2015c）.「「声」を聴くということ——日本語教育学としてのライフストーリー研究から」舘岡洋子（編）『日本語教育のための質的研究　入門——学習・教師・教室をいかに描くか』(pp. 93-113.) ココ出版.

三代純平（2018）.「社会とつながるコミュニケーションを考える——産学共同プロジェクトによる映像制作実践」『言語文化教育研究学会　第4回年次大会予稿集』, 78-83.

三代純平・古屋憲章・古賀和恵・武一美・寅丸真澄・長嶺倫子（2014）.「新しいパラダイムとしての実践研究——Action Researchの再解釈」細川英雄・三代純平（編）『実践研究は何をめざすか——日本語教育における実践研究の意味と可能性』(pp. 49-90.) ココ出版.

村田三七男（2004）.「在日外国人留学生の日本への定住化モデル——専門的・技術的職業従事者の確保」『留学生教育』9, 113-125.

横須賀柳子（2015）.「職場探索段階の留学生によるアイデンティティ変容——日本企業でのインターンシップ参加者の事例から」『言語教育研究』5, 59-76.

横田雅弘・白土悟（2004）.『留学生アドバイジング——学習・生活・心理をいかに支援するか』ナカニシヤ出版.

義永美央子（2017）.「まなぶ・つなぐ・つくる——ポスト・コミュニカティブアプローチの時代における教師の役割」『リテラシーズ』20, 24-40.

Norton, B. (2000). *Identity and language learning: Gender, ethnicity, and educational change*. London, U.K.: Longman/Pearson Education.

Lave, J., & Wenger, E. (1991). *Situated learning: Legitimate peripheral participation*. Cambridge University Press.［レイヴ, J.・ウェンガー, E.（1993）.『状況に埋め込まれた学習——正統的周辺参加』(佐伯胖（訳））　産業図書.］

あとがき

　今なぜコミュニカティブ・アプローチなのか？　最後に編者である佐藤の思いを記して「あとがき」にかえさせていただきたい。

　本書『コミュニケーションとは何か──ポスト・コミュニカティブ・アプローチ』の編集にあたって，その背景にあるコミュニケーションという概念を見直してみたいという強い思いがあった。なぜなら，ことばによるコミュニケーションは，いじめや誹謗中傷，ヘイトスピーチなどいつも気持ちの良いものばかりではないからである。また，皆の意見を聞いて物事を進めていくはずの場所でも，議論はまるでなく，力のある人たちが強引に物事を決定していくような場面を幾度なく目にするようになった。そして，議論をしなければいけないような場合でも，人々は意見がぶつかりそうな相手とはコミュニケーションを取らず，自分がコミュニケーションしたい人たちとだけコミュニケーションを行っている。自分にとって大切な問題でさえも，誰かに決定を委ねているかのようである。

　人々は現在のコミュニケーションの仕方に満足しているのだろうか。本屋やインターネットを覗くと，さまざまなコミュニケーションに関するマニュアル本が出回っている。そこではよいコミュニケーションのモデルがあり，その通りにすればコミュニケーションがうまくいく，そのような型をマスターすれば，問題が解決するような印象を与える書籍も多い。

　また，グローバル人材育成や英語教育の文脈では，「これまでの文法中心のための英語教育ではだめだ。コミュニケーションのための英語教育をしなければならない」という言説を目にすることも多い。いったいコミュニケーションのための言語教育とはどのような言語教育なのか，その問いに答えを与えるための一つの視点として，本書ではコミュニカティブ・アプローチを見つめ直してみた。

　何のためにことばを用いてコミュニケーションをするのか，その目的は状況や場によってそれぞれだが，ただ単に情報交換をしたり，気持ちを共有したりするだけでなく，そのコミュニケーションによって現実が作られていること，

そして，その現実は変えていけることに間違いはない。人を傷つけ，弱者を排除し，強者の利益を優先しているのも，ことばを使ったコミュニケーションによってである。しかし，それを解決していけるのもまた，そのコミュニケーションによってなのである。

本書では，コミュニカティブ・アプローチの歴史と現在を見つめ直しただけでなく，コミュニケーションによって現実が作られていること，その現実は変えていけるのだということをさまざまな例をもって示したつもりである。これらの事例をもとに，ことばの教育やコミュニケーション研究に携わる者が，コミュニカティブ・アプローチに基づく教育実践で自らがめざそうとしているものは何なのか，また，コミュニケーションとは何なのかを再考する機会を提供できたとしたなら，それに勝る喜びはない。最後に，我々教育者，研究者は，客観的に何かを明らかにしたり，常識や当たり前のことを教え込んだりする者なのではなく，積極的に（ときには消極的にも）世界を変えていくことのできる存在なのだということを強調して，本書のむすびとしたい。みなさん，いっしょにがんばりましょう！

2019年冬　日本一週間滞在時に
佐藤慎司

【執筆者一覧】

百済 正和	（くだら まさかず）	カーディフ大学現代語学部（英国） 関西国際大学国際コミュニケーション学部
久保田 竜子	（くぼた りゅうこ）	ブリティッシュコロンビア大学教育学部 （カナダ）
熊谷 由理	（くまがい ゆり）	スミス大学東アジア言語文学学部 （アメリカ）
此枝 恵子	（このえだ けいこ）	ベイツ大学アジア研究プログラム （アメリカ）
佐藤 慎司	（さとう しんじ）	プリンストン大学東アジア研究学部 （アメリカ）
芝原 里佳	（しばはら りか）	大阪 YMCA
西口 光一	（にしぐち こういち）	大阪大学国際教育交流センター
細川 英雄	（ほそかわ ひでお）	早稲田大学名誉教授 言語文化教育研究所八ヶ岳アカデメイア
三代 純平	（みよ じゅんぺい）	武蔵野美術大学造形学部
義永 美央子	（よしなが みおこ）	大阪大学国際教育交流センター

所属は 2019 年 5 月現在

[リテラシーズ叢書について]

本叢書は，リテラシーズ研究会・編集委員が企画・立案し，シンポジウム等を通じ議論を重ねた上で出版するものです。
本研究会の設立主旨等・活動はWEBサイトを御覧ください。
http://literacies.9640.jp/

リテラシーズ研究会・編集委員
川上郁雄・佐藤慎司・砂川裕一・牲川波都季・細川英雄・三代純平

リテラシーズ叢書7

コミュニケーションとは何か
― ポスト・コミュニカティブ・アプローチ

2019年6月3日　初版第1刷発行

編　者...　佐藤慎司（さとうしんじ）

発行所...　くろしお出版
　　　　　〒102-0084　東京都千代田区二番町4-3
　　　　　電話 03-6261-2867　fax.03-6261-2879　www.9640.jp

装　丁...　折原カズヒロ
印刷・製本...　シナノ書籍印刷

© 2019　佐藤慎司　リテラシーズ研究会

Printed in Japan　ISBN 978-4-87424-801-0　C3080

――――― リテラシーズ叢書のご案内 ―――――

リテラシーズ叢書 1
複言語・複文化主義とは何か
ヨーロッパの理念・状況から日本における受容・文脈化へ

細川 英雄・西山 教行　編
定価 2,400 円 + 税

リテラシーズ叢書 2
「移動する子ども」という記憶と力
ことばとアイデンティティ

川上 郁雄　編
定価 3,800 円 + 税

リテラシーズ叢書 3
マイノリティの社会参加
障害者と多様なリテラシー

佐々木 倫子　編
定価 2,200 円 + 税

リテラシーズ叢書 4
異文化間教育とは何か
グローバル人材育成のために

西山 教行・細川 英雄・大木 充　編
定価 2,400 円 + 税

リテラシーズ叢書 5
日本語教育学としてのライフストーリー
語りを聞き、書くということ

三代 純平　編
定価 3,000 円 + 税

リテラシーズ叢書 6
市民性形成とことばの教育
母語・第二言語・外国語を超えて

細川 英雄・尾辻 恵美・マルチェッラ マリオッティ　編
定価 2,800 円 + 税